流動資産に関する仕訳

次の取引の仕訳を示しなさい。なお，各勘定科目の使用は，借方・貸方のなかでそれぞれ１回までとすること。

1．定期預金￥2,000,000（１年満期，利率年１％）を銀行に預け入れていたが，本日，満期日をむかえた。そこで，この満期額￥2,000,000に，受取利息から20％の源泉所得税を控除した金額を加えて，さらに１年満期の定期預金として継続した。なお，源泉所得税は仮払法人税等として処理する。

2．北海道商店は，掛代金の回収として受け取った青森商店振出し，秋田商店裏書きの約束手形￥700,000について，満期日に取引銀行を通じて取り立てを依頼したところ，取立不能になったので，秋田商店に対して手形代金の支払いを請求した。なお，この請求にあたって支払拒絶証書作成費用￥20,000を現金で支払った。

3．かねて得意先から売掛金の決済のために受け取り，取引銀行で割り引いていた額面￥400,000の約束手形が満期日に支払拒絶され，取引銀行から償還請求を受けたので，手形の額面金額に満期日以後の延滞利息￥600および償還請求にともなうその他の費用￥400を含めて小切手を振り出して支払うとともに，手形の振出人である得意先に対して，小切手で支払った延滞利息およびその他の費用を含む金額で手形の償還請求を行った。

4．前期に不渡手形として処理されていた約束手形が￥200,000あり，この手形に対し不渡りの償還請求にともなう費用￥6,000を現金で支払っていた。本日，約束手形を振り出していた企業より現金￥100,000を回収できたが，残額については回収できる見込みはないため，貸倒れ処理を行う。なお，貸倒引当金の残高は￥150,000である。

5．新潟商店は，長野商店に対する掛代金支払いのため，先に受け取っていた群馬商店振出し，栃木商店裏書きの約束手形￥150,000を裏書譲渡した。

6．茨城商店は，掛代金の回収として受け取った埼玉商店振出し，千葉商店裏書きの約束手形￥300,000について，取引銀行で割り引き，割引料を差し引かれた手取金を当座預金に預け入れた。なお，手形の満期日までの期間は73日であり，割引率は年８％である。（１年を365日で計算すること。）

7．かねて商品販売時に受け取っていた約束手形￥200,000について，手形を振り出した得意先から支払期日の延期を求められ，これを承諾した。なお，満期日の延期にともない発生した利息￥5,000は新手形の金額に加えられている。

	借　方　科　目	金　額	貸　方　科　目	金　額
1				
2				
3				
4				
5				
6				
7				

8．決算の1か月前に満期の到来した約束手形¥800,000について，満期日の直前に手形の更改（満期日を4か月延長）の申し出があり，延長4か月分の利息¥32,000を含めた新たな約束手形を受け取っていたが，未処理であることが決算時に判明した。なお，あわせて利息に関する決算整理仕訳も行った。

9．岩手商店は，宮城商店に対する売掛金¥250,000について，取引銀行を通じて発生記録の請求を行い，宮城商店の承諾を得て電子記録に係る債権が生じた。

10．株式会社山形商会に対する買掛金¥500,000の支払いにつき，取引銀行を通じて電子債権記録機関に福島産業株式会社に対する電子記録債権の譲渡記録を行った。

11．電子記録債権¥450,000を割り引くために，取引銀行を通じて電子債権記録機関に当該債権の譲渡記録の請求を行い，取引銀行から割引料¥4,200を差し引いた手取金が当座預金口座に振り込まれた。

12．売掛金¥600,000を譲渡し，譲渡金額¥595,000が当座預金口座に入金された。

13．商品¥300,000をクレジット払いの条件で販売した。販売代金の2％にあたる金額を信販会社へのクレジット手数料として販売時に計上し，信販会社に対する債権から控除する。なお，商品売買の記帳は3分法による。

14．かねて，商品¥300,000をクレジット払いの条件で販売し，信販会社への手数料（販売代金の2％）を計上していたが，本日，信販会社から手数料を差し引いた販売代金が当社の当座預金口座に振り込まれた。

15．期末において，東京商会に対する売掛金残高が¥500,000あり，東京商会の売掛金については債権金額から担保処分見込額¥300,000を控除した金額の50％を貸倒引当金として計上する。なお，期末における東京商会に対する貸倒引当金残高は¥20,000であり，差額補充法により計上する。

16．期末において，売掛金残高は¥250,000，電子記録債権残高は¥550,000，貸付金残高は¥1,000,000であった。売掛金および電子記録債権については，過去の貸倒実績にもとづき，2％の貸倒引当金を設定する。貸付金については，債務者の財政状態が悪化したため，回収不能額を40％と見積もり貸倒引当金を設定する。なお，期末における貸倒引当金残高は¥6,000であり，差額補充法により計上する。

17．11月23日，売買目的の有価証券として，他社が発行する額面総額¥1,600,000の社債（利率は年0.5％，利払日は6月末と12月末）を額面¥100につき¥99.50の裸相場で買い入れ，代金は直前の利払日の翌日から本日までの期間にかかわる端数利息とともに小切手を振り出して支払った。なお，端数利息の金額については，1年を365日として日割りで計算する。

18．X1年11月1日，売買目的で保有している額面総額¥2,000,000の社債（利率年0.365％，利払日は3月末と9月末の年2回）を額面¥100につき¥99.10の価額（裸相場）で売却し，売却代金は売買日までの端数利息とともに現金で受け取った。なお，この社債はX1年8月1日に額面¥100につき¥98.90の価額（裸相場）で買い入れたものであり，端数利息は1年を365日として日割計算する。

19．売買目的で3回にわたって購入していた同一銘柄の株式1,000株のうち700株を@¥6,000で売却し，代金は後日受け取ることとした。この株式は，第1回目は500株を@¥5,200で，第2回目は300株を@¥6,200で，第3回目は200株を@¥5,800でそれぞれ買い付けている。なお，株式の払出単価の計算は移動平均法で行う。

20．以前に@¥500で購入し，前期末決算で@¥600に評価替え（切放法採用）をした売買目的有価証券のうち1,000株を@¥700で売却し，売買手数料¥15,000を控除した残額は現金で受け取った。売買手数料は，有価証券売却益または有価証券売却損に加減して処理すること。

21．帳簿価額¥3,000,000の土地を¥4,800,000で売却し，代金は6か月後を支払期日とする当店あての約束手形で受け取った。

22．大分商店は，宮崎商店に対する未収入金¥300,000について，取引銀行を通じて電子債権記録機関に発生記録の請求を行い，宮崎商店の承諾を得て電子記録に係る債権が生じた。

Hint!

	借　方　科　目	金　　　額	貸　方　科　目	金　　　額
8				
9				
10				
11				
12				
13				
14				
15				
16				
17				
18				
19				
20				
21	借　方　科　目	金　　　額	貸　方　科　目	金　　　額
22				

固定資産に関する仕訳

次の取引の仕訳を示しなさい。なお，各勘定科目の使用は，借方・貸方のなかでそれぞれ1回までとすること。

1. 機械装置（現金購入価額¥1,000,000）を分割払いで購入し，代金として毎月末に支払期日が順次到来する額面¥110,000の約束手形10枚を振り出して相手先に交付するとともに，据付費¥100,000，試運転費¥50,000を現金で支払った。なお，約束手形に含まれる利息相当額については資産勘定で処理することとした。

2. かねて建設中の構築物が完成し，引渡しを受けた。請負金額のうち残額を小切手を振り出して支払い建設仮勘定に記帳し，その後全額を構築物勘定に振り替えた。なお，請負金額は¥30,000,000であり，これまでに¥20,000,000を支払っている。

3. X1年1月1日，神奈川商店は，備品の取得を助成するため国から国庫補助金¥400,000を現金で受け取った。また，この補助金を用いて備品¥1,000,000を取得し，代金は月末に支払うこととした。そのうえで，補助金に関する圧縮記帳を直接控除方式にて行った。なお，備品勘定は圧縮した事実を示すように記入すること。

4. X1年12月31日，決算につき，上記3.の備品について定額法（残存価額ゼロ，耐用年数5年）による減価償却を行った。なお，決算は年1回であり，記帳方法は間接法によること。

5. X2年4月1日に¥500,000で取得した備品（耐用年数10年）を，X5年12月31日に¥300,000で売却し，代金は相手先振出しの約束手形で受け取った。当社の決算日は3月末日（1年決算）であり，減価償却は200%定率法，記帳は間接法によっている。売却した年度の減価償却費は月割計算で算定すること。

6. X3年1月1日に車両運搬具（取得日：X1年1月1日，取得原価：¥500,000，償却率：年20%，償却方法：定率法，記帳方法：間接法）を買い換えた。新車両運搬具の取得原価は¥600,000であり，旧車両運搬具の下取価額は¥200,000であった。下取価額を差し引いた残額は翌月末に支払うこととした。なお，決算日は12月31日である。

7. X4年4月1日（年1回　3月末決算）に，それまで使用していた車両運搬具（取得日：X1年4月1日，取得原価：¥800,000，残存価額：ゼロ，耐用年数：4年，償却方法：定額法，記帳方法：間接法）を除却した。なお，処分可能価額はない。

8. 当期首に車両運搬具（取得原価：¥900,000，残存価額：¥90,000，総走行可能距離：100,000km，前期末までの実際走行距離：80,000km，償却方法：生産高比例法，記帳方法：直接法）を除却した。なお，この車両運搬具の処分価値は¥90,000と見積もられた。

9. 本社の増設工事（工事代金¥6,000,000は2回分割で銀行振込により支払済み）が完成し，各固定資産勘定等の適切な勘定に振替処理を行った。工事の明細は，建物¥5,000,000，修繕費¥1,000,000であった。

10. X6年12月31日，火災により建物（取得原価¥20,000,000，焼失時の減価償却累計額¥12,000,000，記帳方法は間接法）を焼失した。焼失した建物には総額¥10,000,000の火災保険契約を結んでいたので，ただちに保険会社へ保険金を請求した。なお，決算日は3月31日（1年決算）であり，この建物については定額法（耐用年数10年，残存価額ゼロ）を用いて減価償却を行っているが，当日までの当期の減価償却費は月割で計算し，記帳を行うものとする。

11. 以前に工場（取得原価¥10,000,000，焼失時の減価償却累計額¥7,000,000）が火災によって焼失したため，火災保険契約¥5,000,000を結んでいた保険会社に対し，保険金の支払いを請求していた。本日，保険会社の査定の結果，¥2,000,000の保険金を支払う旨の連絡を受けた。なお，火災発生時に工場の帳簿価額の全額を未決算勘定に振り替えていた。

12. 前月に倉庫（取得原価¥5,000,000，焼失時の減価償却累計額¥3,000,000）が火災によって焼失したため，火災保険契約¥3,000,000を結んでいた保険会社に対し，保険金の支払いを請求していた。本日，保険会社の査定の結果，¥2,500,000の保険金を支払う旨の連絡を受けた。なお，火災発生時に倉庫の帳簿価額の全額を未決算勘定に振り替えていた。

13. リース会社からコピー機をリースする契約を結び，リース取引を開始した。条件は，リース期間5年，リース料月額¥80,000（毎月末払い），リースするコピー機の見積現金価額は¥4,200,000である。なお，このリース取引は，ファイナンス・リース取引であり，利子込み法により処理することとした。

14. 上記13.のリース契約について，第1回目のリース料¥80,000を普通預金から支払った。

15. X1年4月1日，リース会社からパソコンをリースする契約を結び，リース取引を開始した。リース期間は5年，リース料は年間¥300,000（毎年3月末払い），リースするパソコンの見積現金購入価額は¥1,300,000である。なお，決算日は3月31日（1年決算）である。また，このリース取引はファイナンス・リース取引であり，利子抜き法で会計処理を行う。

Hint!

	借　方　科　目	金　　額	貸　方　科　目	金　　額
1				
2				
3				
4				
5				
6				
7				
8				
9				
10				
11				
12				
13				
14	借　方　科　目	金　　額	貸　方　科　目	金　　額
15				

16. X2年3月31日，前ページ15. のリース契約について，第1回目のリース料を現金で支払った。ただし，リース料に含まれている利息は，毎期均等額を費用として処理すること。また，本日決算日であるため，耐用年数5年，残存価額ゼロとして定額法で減価償却を行う。なお，記帳方法は間接法によること。

17. X3年4月1日，事務所について，X6年3月31日までの3年間を総額¥21,600,000（支払いは9月末と3月末の年2回払い）のリース料でリース契約を締結した。なお，このリース取引は，オペレーティング・リース取引である。ただし，仕訳する必要がない場合には「借方科目」の欄に「仕訳不要」と記入しなさい。

18. X4年3月31日，上記17. のリース契約について，第2回目のリース料を小切手を振り出して支払った。なお，本日は決算日（1年決算）である。

19. X1年4月1日から，ファイナンス・リース取引に該当する事務機器のリース契約（期間5年，月額リース料¥50,000を毎月末払い）を結び，利子込み法により処理してきたが，X5年3月31日でこのリース契約を解約してX5年4月以後の未払リース料の残額全額を普通預金から支払い，同時にこのリース物件（X5年3月31日までの減価償却費は間接法にて記帳済み）を貸手に無償で返却し除却の処理を行った。

20. X2年4月1日から，ファイナンス・リース取引に該当する機械のリース契約（期間8年，見積現金購入価額¥3,360,000，リース料総額¥3,840,000を9月末と3月末の年2回払い）を結び，利子抜き法により処理してきたが，X4年4月1日に，火災により焼失してしまった。これにともない，リース契約に従って解約し，リース料の残額を普通預金から支払った。なお，このリース物件について，耐用年数8年，残存価額ゼロとして定額法により減価償却を行い，X4年3月31日までの減価償却費は間接法にて記帳済みである。

21. X1年4月1日に同業他社の事業の一部を譲り受けることになり，譲渡代金¥3,500,000を普通預金口座から相手先口座に振り込んだ。この取引により譲り受けた資産と負債の評価額は，建物¥3,000,000，備品¥1,800,000であり，長期借入金¥1,500,000である。

22. X2年3月31日，決算につき上記21. で生じたのれんについて，取得後5年間にわたって効果が見込まれると判断し，定額法による償却を行う。

23. 社内利用目的のソフトウェアの開発を外部に依頼し，4回均等分割支払いの条件で契約総額¥20,000,000の全額を未払計上し，3回分をすでに支払っていた。本日，このソフトウェアの制作が完成し使用を開始したため，ソフトウェア勘定に振り替えるとともに，最終回（第4回目）の支払いを普通預金から行った。

24. 決算にあたり，当期首に取得したソフトウェア¥500,000について減価償却を行った。なお，見込利用可能期間は5年であり，償却方法は定額法により計算すること。

25. 満期保有目的として発行と同時に取得したA債券¥1,920,000（額面総額：¥2,000,000，利率：年3%，利払日：3月末日，償還期間：4年，取得日：X3年4月1日）を保有しているが，X4年3月31日に利息を現金で受け取った。また，決算日（年1回）につき償却原価法（定額法）による評価を行う。

26. 支配する目的でB社の発行済株式の60%を¥3,000,000で，影響力を行使する目的でC社の発行済株式の20%を¥1,600,000で取得し，代金は小切手を振り出して支払った。

27. 売買目的以外の目的によりD社株式¥1,000,000とE社株式¥2,000,000を取得し，代金は小切手を振り出して支払った。なお，これらの株式は子会社株式にも関連会社株式にも該当していない。

28. 上記27. の株式について，決算日の時価がD社株式¥1,300,000とE社株式¥1,900,000であったため，適切な決算処理を行う（税効果会計は適用しない）。

29. 広告宣伝用看板に関する契約を結び，今後2年分の広告料¥1,800,000を普通預金から支払ってその総額をいったん長期性の資産に計上し，さらに計上した資産から当月分（1か月分）の費用の計上を行った。

30. 外部に開発を依頼していた社内利用目的のソフトウェア（開発費用¥12,500,000は分割で全額支払済み）が完成し使用を開始したため，ソフトウェア勘定に振り替えた。なお，開発費用の中には，今後5年間のシステム関係の保守費用¥2,500,000が含まれており，その総額をいったん長期性の資産に振り替えた。

Hint!

	借　方　科　目	金　　額	貸　方　科　目	金　　額
16				
17				
18				
19				
20				
21				
22				
23				
24				
25				
26				
27				
28				
29	借　方　科　目	金　　額	貸　方　科　目	金　　額
30				

負債に関する仕訳

次の取引の仕訳を示しなさい。なお，各勘定科目の使用は，借方・貸方のなかでそれぞれ１回までとすること。

1．かねて商品購入時に振り出していた約束手形¥200,000について，手形を所持している仕入先に支払期日の延期を申し入れ，了承を得た。なお，満期日の延期にともない発生した利息¥5,000は新手形の金額に加えて振り出した。

2．仕入先に買掛金支払いのため振り出した小切手¥150,000が，決算日現在金庫に保管されたままで渡されていないため適切に処理する。なお，小切手を作成したさいに，当座預金の減少取引として処理していた。

3．かねて，広告宣伝費¥50,000の支払いのために作成した小切手が，本日（決算日）現在，未渡しであることが判明した。なお，当社はこの小切手を作成したさいに，当座預金の減少取引として処理していた。

4．備品¥1,000,000を購入し，代金は２か月後を満期日とする約束手形を振り出して支払った。

5．製造ラインの増設工事が完成し，機械装置に¥1,000,000，構築物に¥200,000を計上した。この工事については，毎月末に支払期日が到来する額面¥120,000の約束手形12枚を振り出して相手先に交付した。なお，約束手形に含まれる利息相当額については資産の勘定で処理することとした。

6．上記５．の固定資産について，本日第１回の手形代金¥120,000が，当座預金口座から引き落とされた。なお，割賦購入に係る利息部分を区分する方法により，利息の計算は支払時に定額法により費用処理する。

7．未払金のうち取引銀行を通じて債務の発生記録を行った電子記録債務¥400,000の振替処理が漏れていることが判明したため適切に処理する。

8．当社は，高知商事株式会社と営業契約を締結し，保証金として¥500,000を現金で受け取った。

9．決算にあたり，前期に販売した商品の修理保証期限が経過したため，この保証のために設定した引当金の残高¥48,000を取り崩すとともに，当期に修理保証付きで販売した商品の保証費用を当期の売上高¥15,000,000の１％と見積もり，洗替法により引当金を設定する。

10．６月30日に従業員に対して賞与の支給を行った。賞与の支給総額は¥4,000,000（前期末に賞与引当金¥3,000,000計上済み）であり，源泉所得税等¥600,000を差し引き，残額を当座預金口座から支払った。

11．決算にあたり，次期に支払われる役員賞与¥500,000を見積もり計上する。

12．建物の修繕工事を行い，代金¥4,000,000は小切手を振り出して支払った。なお，工事代金のうち30％は改良のための支出と判断された。また，この修繕工事に備えて前期までに¥1,800,000の引当金を設定している。

13．従業員の退職時に支払われる退職一時金の給付は内部積立方式により行ってきたが，従業員が退職したため退職一時金総額¥20,000,000を支払うこととなり，源泉所得税¥3,000,000を控除した残額を当座預金から支払った。

14．兵庫商事株式会社は，得意先である和歌山商事株式会社から¥3,000,000の借入金に対して，債務保証の依頼がありこれを承諾した。なお，債務保証を行うさいに，対照勘定法による備忘記録を行うこととしている。

15．兵庫商事株式会社は，上記14．において債務保証していた借入金について，期日に無事返済された旨の連絡を受けた。

Hint!

	借　方　科　目	金　　額	貸　方　科　目	金　　額
1				
2				
3				
4				
5				
6				
7				
8				
9				
10				
11				
12				
13				
14	借　方　科　目	金　　額	貸　方　科　目	金　　額
15				

純資産に関する仕訳

次の取引の仕訳を示しなさい。なお，各勘定科目の使用は，借方・貸方のなかでそれぞれ1回までとすること。

1. 会社の設立にあたり，発行可能株式総数8,000株のうち2,000株を1株あたり¥10,000で発行し，その全額について引受けと払込みを受け，払込金は当座預金とした。なお，会社法が認める最低限度額を資本金として計上する。また，設立準備のために発起人が立て替えていた諸費用¥150,000を現金で支払った。

2. 当社は，未発行株式のうち500株を1株あたり¥15,000で発行し，その全額の引受けと払込みを受け，払込金は当座預金とした。なお，払込金の8割の金額を資本金とする。また，株式募集のための広告費¥120,000および新株発行にともなう諸費用¥60,000を現金で支払った。

3. 当社は，増資により株式1,000株を1株あたり¥20,000で募集したところ，申込期日までに全額が申し込まれ，全額を株式申込証拠金として受け入れ，別段預金とした。

4. 新株1,000株を1株あたり¥20,000で発行して増資を行うことになり，払い込まれた1,000株分の申込証拠金は別段預金に預け入れていたが，株式の払込期日となったので，申込証拠金を資本金に充当し，別段預金を当座預金に預け替えた。なお，資本金には会社法が規定する最低額を組み入れることとする。

5. X1年4月1日に静岡物産株式会社を吸収合併し，同社の諸資産（時価総額¥8,000,000）と諸負債（時価総額¥5,000,000）を引き継ぐとともに，合併の対価として新株7,000株（1株あたり¥600）を発行し，同社の株主に交付した。なお，新株の発行にともなう純資産（株主資本）の増加額のうち，¥3,000,000は資本金とし，残額はその他資本剰余金として計上した。

6. 岡山商事株式会社を吸収合併し，新たに当社の株式20,000株（合併時点の時価@¥3,000）を発行し，これを岡山商事の株主に交付した。合併直前の岡山商事の諸資産(時価)は¥85,000,000，諸負債(時価)は¥23,000,000であった。また，合併にあたっては，取得の対価のうち60％を資本金，残り40％をその他資本剰余金として計上することとした。

7. 株主総会の特別決議と債権者保護手続きを経て，資本金¥2,000,000をその他資本剰余金へ振り替えることとした。

8. 定時株主総会を開催し，繰越利益剰余金¥7,000,000の処分を次のとおり決定した。なお，資本金は¥50,000,000，資本準備金は¥7,000,000，利益準備金は¥5,000,000であり，発行済株式数は6,000株である。

   株主配当金：1株につき¥1,000　　利益準備金：会社法が定める金額　　別途積立金：¥100,000

9. 株主総会が開催され，その他資本剰余金を財源として¥400,000の配当金を支払うことが決定した。なお，資本金は¥20,000,000，資本準備金は¥2,000,000，利益準備金は¥1,000,000である。また，配当に関連して，会社法が定める金額を資本準備金として積み立てる。

10. 株主総会が開催され，その他資本剰余金を財源として¥1,000,000，繰越利益剰余金を財源として¥2,000,000，合計¥3,000,000の配当を行うことが決定した。なお，資本金は¥30,000,000，資本準備金は¥2,500,000，利益準備金は¥1,000,000である。また，配当に関連して，会社法が定める金額を資本準備金および利益準備金として積み立てる。

11. 繰越利益剰余金が¥3,000,000の借方残高となっていたため，株主総会の決議によって，資本準備金¥4,500,000と，利益準備金¥3,500,000を取り崩すこととした。資本準備金の取崩額はその他資本剰余金とし，利益準備金の取崩額は繰越利益剰余金とした。

12. 株主総会が開催され，会社の赤字を補填するために，別途積立金¥1,800,000を取り崩すことを決定した。なお，繰越利益剰余金の借方残高が¥3,000,000ある。

13. 株主総会の決議を経て，その他資本剰余金¥700,000および繰越利益剰余金¥400,000をそれぞれ準備金に組み入れることとした。

14. 決算にさいして，長期投資目的で1株あたり¥1,500にて取得していた長野工業株式会社の株式5,000株を時価評価（決算時の時価：1株あたり¥1,300）し全部純資産直入法を適用した。ただし，税効果会計は適用しない。なお，長野工業株式会社は当社の子会社にも関連会社にも該当しない。

15. 上記14.において時価評価した有価証券について，期首をむかえたため洗替処理を行った。

Hint!

	借　方　科　目	金　額	貸　方　科　目	金　額
1				
2				
3				
4				
5				
6				
7				
8				
9				
10				
11				
12				
13				
14	借　方　科　目	金　額	貸　方　科　目	金　額
15				

収益・費用に関する仕訳

次の取引の仕訳を示しなさい。なお，各勘定科目の使用は，借方・貸方のなかでそれぞれ１回までとすること。

1．売上高の計上基準について得意先の検収基準を採用しているが，本日決算日（３月31日）において，３月の掛売上計上分のうち売価￥200,000が得意先で未検収のままであることが判明したため適切に処理する。なお，商品売買の記帳は３分法による。

2．商品200個を@￥1,000で仕入れ，代金のうち￥50,000は以前に支払っていた手付金を充当し，残額は掛けとした。なお，商品売買の記帳は「販売のつど売上原価勘定に振り替える方法」を用いている。

3．岐阜商店は，愛知商店に原価￥200,000の商品を￥250,000で売り上げ，代金は掛けとした。なお，商品売買の記帳は，商品を仕入れたときに商品勘定に記入し，販売したときに売上原価をそのつど売上原価勘定に振り替える方法による。

4．原価￥300,000の商品（売価￥400,000）をクレジット払いの条件で販売した。クレジット手数料（売価の10％）は商品販売時に認識する。なお，商品売買の記帳は販売のつど売上原価勘定に振り替える方法による。

5．富山物産株式会社は石川商事株式会社に対する買掛金￥1,200,000の決済日となったが，同社の大口顧客にかかわる規定にもとづいて買掛金の１％の支払いを免除する旨の通知があったので，支払免除額を差し引いた残額について小切手を振り出して買掛金の決済を行った。なお，商品売買の記帳は３分法による。

6．建築物の設計等を請け負っている当社は，かねて建物の設計の注文を受けていたが，本日，設計図が完成し，顧客に引き渡しが完了したため，契約額￥500,000（支払いは翌月末）をサービス提供に係る収益に計上した。これにともない，完成までに仕掛品に計上されていた諸費用￥200,000と追加で発生した外注費￥70,000（支払いは翌月10日）との合計額をサービス提供に係る原価に計上した。

7．次の資料にもとづいて，期末商品の評価に関する決算整理仕訳を行いなさい。なお，商品売買の記帳は３分法による。

  帳簿棚卸高：数量　800個，帳簿価額@￥300
  実地棚卸高：数量　790個，正味売却価額@￥295

8．月次決算の手続きとして商品の実地棚卸を行った。次の資料にもとづいて，必要な決算整理仕訳を行いなさい。なお，商品売買の記帳は，販売のつど売上原価勘定に振り替える方法による。

  帳簿棚卸高：数量　500個，帳簿価額@￥600
  実地棚卸高：数量　480個，正味売却価額@￥650

9．特定の研究開発の目的で備品￥600,000と実験用薬品￥50,000を購入し，代金は小切手を振り出して支払うとともに，この研究プロジェクトにのみ従事している客員研究員に対する今月分の業務委託費￥330,000を当社の普通預金口座から支払った。

10．X1年10月１日にリース会社とコピー機についてリース契約を結んでいる。なお，このリース取引は，オペレーティング・リース取引であり，契約条件は以下のとおりである。そこで，本日（X2年９月30日），第１回のリース料について小切手を振り出して支払った。

  リース期間：３年　　リース料：月額￥40,000（支払日は毎年９月末日）

11．会社設立後，営業開始までに必要な支出として￥700,000を小切手を振り出して支払った。

12．３月１日に米国の取引先に対して商品3,000ドルを輸出し，代金は掛けとした。輸出時の為替相場は１ドル￥115であった。なお，商品売買の記帳は３分法による。

13．３月31日の決算日をむかえたため，上記12.の掛代金について必要な決算整理を行う。なお，決算日の為替相場は１ドル￥117であった。

14．９月１日に１か月前の８月１日の輸入取引によって生じた外貨建ての買掛金4,000ドル（決済日は10月31日）について，１ドル￥112（先物為替相場）で4,000ドルを購入する為替予約を取引銀行と契約し，振当処理を行い，為替予約による円換算額との差額はすべて当期の損益として処理することとした。なお，輸入取引が行われた８月１日の為替相場（直物為替相場）は１ドル￥110であり，また本日（９月１日）の為替相場（直物為替相場）は１ドル￥111である。

15．海外の取引先に対して，製品6,000ドルを３か月後に決済の条件で輸出した。輸出時の為替相場は１ドル￥111であったが，１週間前に３か月後に2,000ドルを１ドル￥108で売却する為替予約が結ばれていたため，この為替予約分については取引高と債権額に振当処理を行う。なお，商品売買の記帳は３分法による。

Hint!

	借　方　科　目	金　　　額	貸　方　科　目	金　　　額
1				
2				
3				
4				
5				
6				
7				
8				
9				
10				
11				
12				
13				
14	借　方　科　目	金　　　額	貸　方　科　目	金　　　額
15				

税金・本支店会計に関する仕訳

/ 15問

次の取引の仕訳を示しなさい。なお，各勘定科目の使用は，借方・貸方のなかでそれぞれ1回までとすること。

1．商品¥400,000をクレジット払いの条件で顧客に販売し，信販会社へのクレジット手数料（販売代金の5％）を販売時に認識した。なお，消費税の税率は販売代金に対して10％とし，税抜方式で処理するが，クレジット手数料には消費税は課税されない。また，商品売買の記帳は3分法による。

2．以前に商品¥200,000（原価¥140,000）をクレジット払いの条件で販売し，信販会社へのクレジット手数料（販売代金の5％）も販売時に計上していたが，この商品が顧客から返品を受けたためこの取引の取消し処理を行った。なお，消費税の税率は10％とし，税抜方式で処理するが，クレジット手数料には消費税は課税されない。また，商品売買の記帳は販売のつど売上原価勘定に振り替える方法による。

3．三重商事から，商品¥1,500,000と研究開発専用で使用する測定機器備品¥400,000を，翌月払いの条件で購入した。これらに対する消費税の税率は10％であり，税抜方式により処理する。なお，商品売買の記帳は3分法による。

4．決算にさいして，法人税,住民税及び事業税について決算整理を行う。当期の税引前当期純利益は¥2,000,000であり，費用計上額のうち¥400,000は，税法上の課税所得の計算にあたって損金算入が認められない。なお，法人税等の法定実効税率は30％である。ただし，税効果会計は適用しないこととする。

5．過年度に納付した法人税に関して，税務当局から追徴の指摘を受け，追加で¥400,000を支払うようにとの通知が届いたため，負債の計上を行った。

6．決算にあたり，売上債権の期末残高¥1,000,000について2％の貸倒れを見積もり,貸倒引当金を設定したが，その全額について税法上の損金算入が認められなかったので，貸倒引当金に係る税効果会計の仕訳を行う。貸倒引当金に期首残高はなく，また法人税等の法定実効税率は30％である。なお，貸倒引当金を設定するための決算整理仕訳はすでに行っているものとし，税効果会計の適用に係る仕訳のみを解答すること。

7．上記6．において損金算入が認められなかった貸倒引当金について，該当する売掛金が貸し倒れたことから，当期の損金に算入することが認められた。そこで，税効果会計に係る仕訳のみを解答すること。

8．決算にあたり，当期首に取得した備品（取得原価¥2,000,000，残存価額ゼロ，耐用年数5年）について定額法により減価償却を行った。ただし，備品の税務上の法定耐用年数が8年であることから，減価償却費損金算入限度超過額に係る税効果会計を適用する（減価償却費に関する仕訳は解答不要とする）。なお，法人税等の法定実効税率は25％であり，繰延税金資産は全額回収可能性があるものとする。

9．当期に売買目的以外の目的により1株あたり¥1,200の価額で取得していた他社の株式5,000株について，時価評価（決算時の時価：1株あたり¥1,000）し，全部純資産直入法を適用した。ただし，法定実効税率は30％とする税効果会計を適用する。なお，この株式は子会社株式にも関連会社株式にも該当していない。

10．決算にさいして，長期投資目的で1株あたり¥800にて取得していた他社の株式4,000株について，決算時の時価が1株あたり¥1,000に値上がりしていたので，税効果会計（法人税等の法定実効税率は30％）を適用し，適切な決算処理を行う。なお，この株式は子会社株式にも関連会社株式にも該当していない。

11．期首をむかえたため，上記10．において時価評価した有価証券について，期首における洗替処理を行う。

12．かねて本店が福井商会から掛けで仕入れた商品の代金¥800,000について，本日，滋賀支店は本店に代わってこれを全額小切手を振り出して支払った。なお，当社は支店独立会計制度を採用しており，支店側の仕訳を答えなさい。

13．本店より「本店が支払った広告宣伝費¥900,000につき，その3分の1を京都支店が負担するように」との指示があったので，京都支店はこの指示に従い広告宣伝費を計上した。なお，当社は支店独立会計制度を採用しており，支店側の仕訳を答えなさい。

14．決算にあたり，本店は支店より「当期純利益¥500,000を計上した」との連絡を受けた。なお，当社は支店独立会計制度を採用しており，総合損益勘定を設けている。本店側の仕訳を答えなさい。

15．大阪に支店を開設することになり，本店から現金¥3,000,000，商品（原価：¥1,200,000，売価：¥1,500,000）および営業用車両（取得価額：¥2,000,000，減価償却累計額：¥800,000）が移管された。支店独立会計制度を導入したときの支店側の仕訳を答えなさい。ただし，当社は商品売買の記帳を「販売のつど売上原価勘定に振り替える方法」，有形固定資産の減価償却に係る記帳を間接法によっている。

	借　方　科　目	金　　額	貸　方　科　目	金　　額
1				
2				
3				
4				
5				
6				
7				
8				
9				
10				
11				
12				
13				
14	借　方　科　目	金　　額	貸　方　科　目	金　　額
15				

収益認識に関する仕訳

次の取引の仕訳を示しなさい。なお，各勘定科目の使用は，借方・貸方のなかでそれぞれ１回までとすること。

1．A商品とB商品を合わせて¥500,000で福岡商事株式会社へ販売する契約を結ぶとともに，まずA商品（売価¥200,000）のみを引き渡した。なお，販売代金は後日，B商品（売価¥300,000）を引き渡した後にまとめて請求する契約となっており，まだ顧客との契約から生じた債権となっていない。

2．上記１．において契約を結んでいたB商品（売価¥300,000）について，本日福岡商事株式会社へ引き渡した。また，月末にA商品とB商品を合わせた販売代金¥500,000の請求書を送付する予定である。

3．10月１日に売価¥400,000のC商品を熊本商事株式会社へ販売する契約を結ぶとともに，手付金として¥80,000を現金で受け取った。

4．3月１日に佐賀商事株式会社へD製品（¥580,000）および当該製品の１年間保証サービス（¥120,000）を合計¥700,000で販売し，代金は当座預金口座へ振り込まれた。なお，当社ではそれぞれを別個の履行義務として識別し，保証サービスは本日より開始するとともに，時の経過（月割計算）に応じて履行義務を充足する。

5．3月31日に決算日をむかえ，上記４．における１年間保証サービスについて，履行義務を充足した部分について収益を計上した。

6．7月７日に長崎商事株式会社へE商品100個を１個あたり¥400で販売した。なお，同社とは７月から８月末までの期間中に商品を合計300個以上購入した場合に，期間中の販売額合計の10％をリベートとして支払う契約を結んでおり，この条件が達成される可能性は高い。

7．8月８日に上記６．において契約を結んでいる長崎商事株式会社へ商品200個を１個あたり¥400で販売し，リベートの条件が達成されたため，期間中の販売額合計の10％を月末に支払うこととした。

8．10月１日にSS学園より校舎の改装工事の設計を¥1,000,000で請け負う契約を結び，履行義務の充足に係る進捗度を見積もり，一定の期間にわたり収益を認識することとしていたが，本日12月31日において決算日をむかえた時点で当該履行義務の充足に係る進捗度は25％であると見積もられた。なお，当期中に費やした原価¥150,000の支払いは掛けとする。

	借 方 科 目	金 額	貸 方 科 目	金 額
1				
2				
3				
4				
5				
6				
7				
8				

Hint!

理論問題

問1. 次の各文章の空欄にあてはまる最も適切な語句を [語群] から選び，記号で答えなさい。

(1) 契約において顧客への移転を約束した（ ① ）が，所定の要件を満たす場合には別個のものであるとして，当該約束を（ ② ）として区分し，識別する。

(2) （ ③ ）又は現金以外の対価の存在を考慮し，金利相当分の影響及び顧客に支払われる対価について調整を行い，取引価格を算定する。なお，取引価格とは，財又はサービスの顧客への移転と交換に企業が権利を得ると見込む対価の額をいう。ただし，（ ④ ）のために回収する額を除く。

(3) 契約において約束した別個の財又はサービスの（ ⑤ ）の比率に基づき，それぞれの履行義務に取引価格を（ ⑥ ）する。（ ⑤ ）を直接観察できない場合には，（ ⑤ ）を見積る。

(4) 約束した財又はサービスを顧客に移転することにより履行義務を充足した時に又は充足するにつれて，充足した履行義務に配分された額で収益を認識する。履行義務は，所定の要件を満たす場合には（ ⑦ ）にわたり充足され，所定の要件を満たさない場合には（ ⑧ ）で充足される。

(5) 顧客から対価を受け取る前又は対価を受け取る期限が到来する前に，財又はサービスを顧客に移転した場合は，収益を認識し，（ ⑨ ）又は顧客との契約から生じた債権を貸借対照表に計上する。なお，（ ⑨ ）が，財又はサービスと交換に受け取る対価に対する企業の権利のうち無条件のものとなる場合には顧客との契約から生じた債権となる。

(6) 財又はサービスを顧客に移転する前に顧客から対価を受け取る場合，顧客から対価を受け取った時又は対価を受け取る期限が到来した時のいずれか早い時点で，顧客から受け取る対価について（ ⑩ ）を貸借対照表に計上する。

[語群]

ア．契約資産	イ．財又はサービス	ウ．第三者	エ．一時点
オ．履行義務	カ．契約負債	キ．一定の期間	ク．変動対価
ケ．配分	コ．独立販売価格	サ．金利相当分	シ．支配

①	②	③	④	⑤	⑥	⑦	⑧	⑨	⑩

問2. 次の各文章に含まれる下線部の語句について，適切である場合は○，不適切である場合は×で答えなさい。

(1) のれんは貸借対照表の①流動資産の区分に表示し，②20年以内に定額法その他合理的な方法によって規則的に償却しなければならず，のれんの当期償却額は損益計算書の③販売費及び一般管理費の区分に表示する。なお，負ののれん発生益は損益計算書の④営業外収益の区分に表示する。

(2) 売買目的有価証券とその他有価証券は⑤取得原価をもって貸借対照表価額とする。子会社株式および関連会社株式は⑥時価をもって貸借対照表価額とする。満期保有目的の債券は⑦償却原価をもって貸借対照表価額とするが，債券金額より低い価額または高い価額で取得した場合，その差額が金利の調整と認められるときは，⑧償却原価法により算定された価額をもって貸借対照表価額としなければならない。

(3) 通常の販売目的で保有する棚卸資産は取得原価をもって貸借対照表価額とし，期末における正味売却価額が取得原価よりも下落している場合には，当該⑨正味売却価額をもって貸借対照表価額とする。

(4) 前払費用については，貸借対照表日の翌日から起算して1年以内に費用となるものは⑩流動資産に属するものとし，1年を超える期間を経て費用となるものは，固定資産の⑪無形固定資産に属するものとする。

(5) 退職給付は，支給された期間だけの費用ではなく，就業期間全体の費用と考えられるため，当期の負担に属する金額を⑫当期の費用として退職給付引当金に繰り入れ，退職給付引当金の残高は貸借対照表の⑬純資産の部に計上する。

(6) 株主資本は，資本金，資本剰余金と利益剰余金に区分する。⑭利益剰余金は，資本準備金およびその他資本剰余金から構成される。⑮資本剰余金は，利益準備金，およびその他利益剰余金から構成される。また，株主資本以外の項目である評価・換算差額等には⑯その他有価証券評価差額金がある。

①	②	③	④	⑤	⑥	⑦	⑧

⑨	⑩	⑪	⑫	⑬	⑭	⑮	⑯

現金預金の問題

次の［資料Ⅰ］および［資料Ⅱ］にもとづいて，下記の各問に答えなさい（決算年1回3月31日）。

［資料Ⅰ］

3月中の当座預金出納帳の記入は次のとおりであった。

当座預金出納帳

(単位：円)

月	日	摘　　　要	小切手NO.	預　　入	引　　出	残　　高
3	1	前　月　繰　越		2,000,000		2,000,000
	20	他人振出し小切手入金		200,000		2,200,000
	22	買　掛　金　支　払　い	101		800,000	1,400,000
	25	広　告　宣　伝　費　支　払　い	102		350,000	1,050,000
	31	受　取　手　形　取　立		500,000		1,550,000
	〃	日　本　国　通　貨　入　金		300,000		1,850,000

決算にあたり，取引銀行から取り寄せた残高証明書における当座預金銀行残高は¥1,880,000であった。なお，当社の当座預金帳簿残高との差異は次の理由によるものであった。

(1) 他人振出し小切手¥200,000を受け取り，その時点で当座預金の増加として処理していたが，決算日現在，金庫に入れたままで，銀行の入出金は行われていなかった。

(2) 買掛金支払いのため小切手¥800,000（No.101）を振り出し，その時点で当座預金の減少として処理していたが，決算日現在，金庫に入れたままで，銀行の入出金は行われていなかった。

(3) 広告宣伝費支払いのため振り出した小切手¥350,000（No.102）が，3月31日までに銀行に呈示されていなかった。

(4) 受取手形の取立依頼分¥500,000について，不渡りとなっており入金処理が銀行で行われなかった。

(5) 電話料金¥120,000の自動引落しが行われていたが，通知が当社に未達であった。

(6) 3月31日に日本国通貨¥300,000を当座預金口座へ預け入れたが，銀行の営業時間外であったため，銀行は翌日付の入金として処理していた。

［資料Ⅱ］

現金残高について，金庫の内容を実査したところ，次のものが入っていた。

日 本 国 通 貨	¥323,500	米国通貨(800ドル)	¥ 80,000	配 当 金 領 収 証	¥ 16,000
送 金 小 切 手	¥ 50,000	他人振出し小切手	¥200,000	自己振出し小切手	¥800,000
出張旅費仮払額の従業員受取書	¥100,000				

上記の内容について，以下の事実が判明している。

(1) 米国通貨は円貨による取得価額であり，3月31日の為替レートは1ドル¥105であった。

(2) 出張旅費仮払額は，出金の会計処理が行われておらず，また，3月31日時点で従業員が出張から戻っていないため，旅費精算も行われていない。

(3) 配当金領収証（源泉所得税20%控除後の金額である）については，会計処理が行われていない。

問1 当座預金勘定調整表を完成しなさい。

問2 ［資料Ⅰ］および［資料Ⅱ］に関する決算に必要な修正仕訳を示しなさい。ただし，勘定科目は，次の中から最も適当と思われるものを選び，正確に記入すること。また，修正仕訳が不要な場合には，借方科目欄に「仕訳なし」と記入すること。

現　　　金	当 座 預 金	普 通 預 金	受 取 手 形	不 渡 手 形
仮 払 金	仮払法人税等	買 掛 金	借 入 金	為替差損益
受取配当金	支払配当金	広告宣伝費	消 耗 品 費	通 信 費

問3 貸借対照表に計上される現金および当座預金の金額を求めなさい。

Hint!

問1

当座預金勘定調整表

（3月31日現在）

（単位：円）

当座預金帳簿残高			（　　　　　　　）	
（加算）	[　　　]	（　　　　　　　　）		
	[　　　]	（　　　　　　　　）	（　　　　　　　）	
（減算）	[　　　]	（　　　　　　　　）		
	[　　　]	（　　　　　　　　）		
	[　　　]	（　　　　　　　　）		
	[　　　]	（　　　　　　　　）	（　　　　　　　）	
当座預金銀行残高			（　　　　　　　）	

注：[　　　] には **[資料Ⅰ]** の番号(1)から(6)，（　　　）には金額を記入すること。

問2

[資料Ⅰ] に関する仕訳

	借　方　科　目	金　額	貸　方　科　目	金　額
(1)				
(2)				
(3)				
(4)				
(5)				
(6)				

[資料Ⅱ] に関する仕訳

	借　方　科　目	金　額	貸　方　科　目	金　額
(1)				
(2)				
(3)				

問3

貸借対照表に計上される現金の金額	￥
貸借対照表に計上される当座預金の金額	￥

次の商品売買に関する取引についての [資料] および [注意事項] にもとづいて，下記の各問に答えなさい。

[資料]

X1年		取引の内容
4月1日	前期繰越	A商品　数量400個　@¥300　　B商品　数量100個　@¥200
4日	仕　入　①	仕入先甲商店よりA商品を@¥320にて350個，B商品を@¥210にて200個仕入れ，代金のうち¥70,000は以前に支払っていた手付金を充当し，残額は掛とした。
7日	仕入返品・仕　入　②	4日に仕入れた商品のうち，品違いのためB商品50個を甲商店に返品し，追加でA商品50個を@¥320にて仕入れた。代金については掛代金で調整した。
10日	売掛金回収	期首の売掛金のうち¥600,000について当座預金口座に振り込まれた。
11日	売　上　①	得意先乙商事にA商品を@¥500にて450個，B商品を@¥300にて250個売り渡し，代金は掛とした。また，当店負担の発送運賃¥6,000は現金で支払った。
12日	買掛金支払	期首の買掛金全額について小切手を振り出して支払った。
13日	仕　入　③	仕入先丙商店よりA商品を@¥340にて500個，B商品を@¥250にて120個仕入れ，代金は手許にある他人振出しの約束手形を裏書譲渡して支払った。
15日	売掛金回収	11日に売り渡した商品の掛代金が決済され，当座預金口座に振り込まれた。
19日	売　上　②	得意先乙商事にA商品を@¥550にて400個，B商品を@¥270にて100個売り渡し，代金は掛とした。また，当店負担の発送運賃¥5,000は現金で支払った。
20日	買掛金支払	4月4日および7日に計上した仕入先甲商店に対する買掛金について，小切手を振り出して支払った。
21日	売上返品	19日に売り渡した商品のうち，品違いのためB商品40個について乙商事より返品を受けた。代金については掛代金で調整した。
22日	仕　入　④	仕入先甲商店よりA商品を@¥310にて200個仕入れ，代金は掛とした。
24日	売掛金回収	得意先丁商事に対する売掛金¥100,000の回収に関して，電子債権記録機関から取引銀行を通じて債権の発生記録の通知を受けた。
30日	月次決算	A商品の当月末の実地棚卸数量は650個，正味売却価額は@¥400であった。また，B商品の当月末の実地棚卸数量は50個，正味売却価額は@¥230であった。

[注意事項]
1．払出単価の計算には先入先出法を採用している。
2．商品売買取引の記帳には「販売のつど売上原価勘定に振り替える方法」を採用している。
3．毎月末に実地棚卸を行って，棚卸減耗損および商品評価損を把握している。棚卸減耗損および商品評価損はいずれも売上原価に算入する。
4．月末には英米式決算法によって各帳簿を締め切っている。

問1　売掛金勘定，商品勘定および買掛金勘定への記入を完成しなさい。なお，摘要欄への記入も行うこと。
問2　4月の純売上高および4月の売上原価を答えなさい。
問3　払出単価の計算について，総平均法を採用した場合における，商品有高帳の記入を完成しなさい。また，A商品のみの4月の売上原価および4月の売上総利益を答えなさい。なお，月中における払出欄・残高欄の単価および金額については空欄でもよい。

問1

売　掛　金

月	日	摘　　　　　要	借　　方	月	日	摘　　　　　要	貸　　方
4	1	前　期　繰　越	800,000	4	10	当　座　預　金	
					30	次　月　繰　越	

商　　　品

月	日	摘　　　　　要	借　　方	月	日	摘　　　　　要	貸　　方
4	1	前　期　繰　越		4	7	買　掛　金	
	4				11	売　上　原　価	
					30		
					〃		
					〃	次　月　繰　越	

買　掛　金

月	日	摘　　　　　要	借　　方	月	日	摘　　　　　要	貸　　方
4	7	商　　　品		4	1	前　期　繰　越	500,000
	30	次　月　繰　越					

問2

4 月 の 純 売 上 高	￥
4 月 の 売 上 原 価	￥

問3

商　品　有　高　帳

（総平均法）　　　　　　　　　　A　商品　　　　　　　　　　（単位：個）

日 付		摘　　要	受　　入			払　　出			残　　高		
			数量	単価	金額	数量	単価	金額	数量	単価	金額
4	1	前月繰越	400	300	120,000				400	300	120,000
	4	仕　　入									
	7	仕　　入									
	11	売　　上									
	13	仕　　入									
	19	売　　上									
	22	仕　　入									
	30	次月繰越									

4 月 の 売 上 原 価	￥
4 月 の 売 上 総 利 益	￥

有価証券の問題

　有価証券取引に関する [資料Ⅰ] から [資料Ⅲ] にもとづいて，下記の各問に答えなさい。本問では，有価証券の売却原価は移動平均法により算定し，その他有価証券の評価差額に関しては法定実効税率30％とする税効果会計を適用する。なお，当期の会計期間は X1年 4 月 1 日から X2年 3 月31日までの 1 年間である。

[資料Ⅰ] X1年 3 月31日現在の有価証券の明細

銘　柄	保有目的	株数または額面	取得原価	時　価
A株式	売買目的	1,000株	¥　800,000	¥ 1,000,000
B債券	満期保有目的	¥3,000,000	¥ 2,850,000	—
C株式	支配目的	6,000株	¥12,000,000	¥12,600,000
D株式	影響力行使目的	1,500株	¥ 5,100,000	¥ 4,950,000
E株式	その他	3,000株	¥ 6,000,000	¥ 5,700,000
F債券	その他	¥4,000,000	¥ 4,000,000	¥ 3,920,000

（注1）　A株式は X0年 4 月 1 日に取得したものであり，評価差額について切放方式を採用している。
（注2）　B債券は X1年 3 月31日に取得したものであり，償還日は X6年 3 月31日，利率は年0.2％，利払いは 3 月末と 9 月末の年 2 回均等額の支払いである。
（注3）　F債券は X0年 3 月31日に取得したものであり，償還日は X6年 3 月31日，利率は年0.3％，利払いは 3 月末と 9 月末の年 2 回均等額の支払いである。

[資料Ⅱ] X1年 4 月 1 日から X2年 3 月31日までの有価証券の取引
　4月 1 日：その他有価証券について，期首における洗替処理を行った。
　6月13日：A株式1,000株を 1 株¥1,200で購入し，普通預金口座から支払った。
　7月24日：E株式2,000株を 1 株¥2,500で購入し，小切手を振り出して支払った。
　8月27日：A株式800株を 1 株¥1,050で売却し，代金は普通預金口座に入金された。
　9月30日：債券の利払いが普通預金口座に入金された。
　10月 1 日：G債券¥2,000,000（償還日は X8年 9 月30日，利率は年0.8％，利払いは 3 月末と 9 月末の年 2 回均等額の支払い）を満期保有目的として¥2,070,000（経過利息は発生しないものとする）で購入し，小切手を振り出して支払った。
　11月10日：E株式1,000株を 1 株¥2,600で売却し，代金は当座預金口座に入金された。
　12月31日：F債券の半分を¥2,100,000で売却し，代金は経過利息¥1,500とともに当座預金口座に入金された。
　3月31日：債券の利払いが普通預金口座に入金された。
　　〃　　：保有する有価証券について，決算整理を行った。なお，満期保有目的債券についてはそれぞれ償却原価法（定額法）にもとづく会計処理によること。

[資料Ⅲ] X2年 3 月31日の有価証券の時価は次のとおりであった。

銘　柄	1 株あたりまたは額面¥1,000あたりの時価
A株式	¥1,000
C株式	¥2,200
D株式	¥3,200
E株式	¥2,500
F債券	¥1,050

問1　売買目的有価証券勘定，満期保有目的債券勘定，およびその他有価証券勘定を完成しなさい。なお，総勘定元帳は英米式決算法によって締め切っている。
問2　当期の有価証券利息，有価証券売却損益，および投資有価証券売却損益の金額を答えなさい。
問3　当期末の貸借対照表に計上される関係会社株式とその他有価証券評価差額金の金額を答えなさい。

Hint!

問1

売買目的有価証券

年	月	日	摘　　　　　要	借　　方	年	月	日	摘　　　　　要	貸　　方
X1	4	1	前 期 繰 越		X1	8	27		
	6	13			X2	3	31		
						〃	次 期 繰 越		

満期保有目的債券

年	月	日	摘　　　　　要	借　　方	年	月	日	摘　　　　　要	貸　　方
X1	4	1	前 期 繰 越		X2	3	31	有 価 証 券 利 息	
	10	1				〃	次 期 繰 越		
X2	3	31							

その他有価証券

年	月	日	摘　　　　　要	借　　方	年	月	日	摘　　　　　要	貸　　方
X1	4	1	前 期 繰 越		X1	11	10		
		〃				12	31	当 座 預 金	
	7	24			X2	3	31	次 期 繰 越	
X2	3	31							

問2

有 価 証 券 利 息	¥
有 価 証 券 売 却 （　　　）	¥
投資有価証券売却 （　　　）	¥

（注）（　　　）内には「損」または「益」のいずれかを記入すること。

問3

関 係 会 社 株 式	¥	
その他有価証券評価差額金	¥	（ 借方残高・貸方残高 ）

（注）その他有価証券評価差額金について，借方残高と貸方残高のいずれかに○をつけて解答すること。

固定資産の問題1

固定資産に関する次の [資料Ⅰ] から [資料Ⅲ] にもとづいて，下記の各問に答えなさい。なお，当期の会計期間は X7年4月1日から X8年3月31日までの1年間である。

[資料Ⅰ] 固定資産管理台帳

固定資産管理台帳
X7年3月31日現在

取得年月日	用途	期末数量	耐用年数	取得原価
建物				
X2年10月1日	事務所	1	20年	8,000,000
備品				
X5年4月1日	備品A	8	8年	2,400,000
X6年4月1日	備品B	4	6年	1,600,000
車両運搬具				
X5年10月1日	車両運搬具	1	(注)	3,000,000
ソフトウェア				
X4年4月1日	システムA	1	4年	4,000,000

（注）総走行可能距離200,000km　前期末までの実際走行距離60,000km　当期実際走行距離40,000km

[資料Ⅱ] 当期の取引
(1) 固定資産の棚卸を行ったところ，備品Aのうち3個が減失していた。前期末の帳簿価額にもとづき除却処理を当期首で行うこととした。
(2) X7年4月1日に，備品Cを5台（耐用年数5年）購入し，代金¥1,200,000は約束手形を振り出して支払った。なお，この備品Cに関しては，以前に国から補助金¥900,000を受け取っており，購入と同時に直接控除方式による圧縮記帳を行った。
(3) X7年10月1日に，建物（事務所）の改修を行い，改修工事代金¥2,000,000は小切手を振り出して支払った。なお，支払額のうち，70%が資本的支出として建物勘定に追加計上し，耐用年数10年で減価償却を行うこととした。
(4) X8年1月1日から，新たなシステムB（ソフトウェア，耐用年数4年）を購入し，代金¥5,000,000は翌月末払いとした。なお，同日からのシステムBの稼働にともない，システムAが不要となったため，12月末の帳簿価額にもとづき，期末で償却費の計上と除却処理を行った。

[資料Ⅲ] 減価償却の方法
以下のとおりである。なお，記帳方法は，有形固定資産は間接法，無形固定資産は直接法による。
　建物：定額法　残存価額ゼロ　期中取得分は月割で計算
　備品：200%定率法　期中取得分は月割で計算
　車両運搬具：生産高比例法　残存価額ゼロ
　ソフトウェア：定額法　期中取得分は月割で計算
耐用年数に対応する償却率は，下表のとおりである（計算にあたってはこの表の数値を用いること）。

耐用年数	定額法	200%定率法	耐用年数	定額法	200%定率法
4年	0.250	0.500	8年	0.125	0.250
5年	0.200	0.400	10年	0.100	0.200
6年	0.167	0.333	20年	0.050	0.100

なお，減価償却に関する計算上生じる端数は，円未満を切り捨てて計算すること。

Hint!

問1　当期の諸勘定（一部）に必要な記入を行い，完成しなさい。
問2　当期末の固定資産管理台帳（一部）の記入を完成しなさい。
問3　当期の減価償却費と固定資産除却損の金額を答えなさい。
問4　備品Cの会計上の耐用年数は5年であるが，税法上は8年である。そのため，税効果会計を適用した場合に必要となる仕訳を示しなさい。なお，減価償却に係る決算整理仕訳はすでに行っているものとし，税効果会計の適用に係る仕訳のみ解答すること。また，法人税等の実効税率は30％である。

問1

建　　物

年	月	日	摘　　　　要	借　　方	年	月	日	摘　　　　要	貸　　方
X7	4	1	前 期 繰 越		X8	3	31	次 期 繰 越	
	10	1							

建物減価償却累計額

年	月	日	摘　　　　要	借　　方	年	月	日	摘　　　　要	貸　　方
X8	3	31	次 期 繰 越		X7	4	1	前 期 繰 越	
					X8	3	31		

ソフトウェア

年	月	日	摘　　　　要	借　　方	年	月	日	摘　　　　要	貸　　方
X7	4	1	前 期 繰 越		X8	3	31	ソフトウェア償却	
X8	1	1			〃			固 定 資 産 除 却 損	
					〃			次 期 繰 越	

問2

固定資産管理台帳　　　　　　　　　　　　X8年3月31日現在

取 得 年 月 日	用 途	期末数量	耐用年数	期首（期中取得）取 得 原 価	期首減価償却累計額	差引期首（期中取得）帳 簿 価 額	当 期減価償却費
備品							
X5年4月1日	備品A	5	8年	1,500,000	（　　　　）	（　　　　）	（　　　　）
X6年4月1日	備品B	4	6年	（　　　　）	（　　　　）	（　　　　）	（　　　　）
X7年4月1日	備品C	5	5年	（　　　　）	0	（　　　　）	（　　　　）
小 計				（　　　　）	（　　　　）	（　　　　）	（　　　　）

問3

減 価 償 却 費	¥
固 定 資 産 除 却 損	¥

問4

借 方 科 目	金 額	貸 方 科 目	金 額

固定資産の問題 2

リース契約に関する次の［資料 I］から［資料Ⅲ］にもとづいて，下記の各問に答えなさい。なお，当期の会計期間は X6年 4 月 1 日から X7年 3 月31日までの 1 年間である。

［資料 I ］ リース契約一覧表

種 類	開始日	終了日	開始後のリース料支払日 （当座預金から支払い）	リース料総額 （単位：円）	リース資産の 見 積 現 金 購 入 価 額 （単位：円）
ファイナンス・リース					
備品A	X1.10.1	X6.9.30	3 月末, 9 月末(年 2 回払い)	3,300,000	3,000,000
備品B	X2. 4.1	X8.3.31	3 月末, 9 月末(年 2 回払い)	6,000,000	5,400,000
機械C	X3. 4.1	X9.3.31	3 月末, 9 月末(年 2 回払い)	7,200,000	6,000,000
オペレーティング・リース					
事務所	X5. 4.1	X9.3.31	3 月末, 9 月末(年 2 回払い)	8,000,000	20,000,000

［資料Ⅱ］ 当期の取引
 (1) 車両を X6年 7 月 1 日にオペレーティング・リース契約を締結した。リース期間は 4 年で，リース料総額は¥6,000,000（支払いは当座預金から12月末と 6 月末の年 2 回払い）である。
 (2) 機械Cは同一機種を 4 台リースしていたが，X6年 4 月 1 日に火災により 1 台が焼失してしまったため，リース契約に従って解約しリース料の残額の支払いを行った。
 (3) 備品Aがリース期間満了となり，リース物件を X6年10月 1 日に返却した。
 (4) 備品Dを X6年10月 1 日にファイナンス・リース契約を締結した。リース期間は 8 年で，リース料総額は¥4,640,000（支払いは当座預金から 3 月末と 9 月末の年 2 回払い）であり，リース資産の見積現金購入価額は¥4,000,000であった。
 (5) 事務所スペースを拡大するため，X6年10月 1 日にオペレーティング・リース契約を締結した。リース期間は 3 年で，リース料総額は¥3,000,000（支払いは当座預金から 3 月末と 9 月末の年 2 回払い）である。

［資料Ⅲ］ リース契約の会計処理
 (1) ファイナンス・リース取引は利子抜き法による。
 (2) 利息相当額（リース料総額と見積現金購入価額の差額）の期間配分は定額法によっている。
 (3) 減価償却は，リース期間を耐用年数，残存価額をゼロとする定額法，記帳方法は間接法であり，9 月末と 3 月末に計上している。

問 1　リース資産に関する固定資産台帳（一部）の記入を完成しなさい。
問 2　当期の諸勘定（一部）に必要な記入を行い，完成しなさい。
問 3　当期の各金額を答えなさい。

Hint!

問1

固　定　資　産　台　帳

取 得 年 月 日	種　類	耐用年数	期　　　首 (期 中 取 得) 取 得 原 価	期　　　　首 減価償却累計額	差 引 期 首 (期 中 取 得) 帳 簿 価 額	当　　　期 減 価 償 却 費
リース資産						
備品						
X2. 4. 1	備品B	６年	5,400,000	3,600,000	(　　　　)	(　　　　)
(　.　.　)	(　　)	(　)	(　　　　)	(　　　　)	(　　　　)	(　　　　)
機械						
X3. 4. 1	機械C	６年	(　　　　)	(　　　　)	(　　　　)	(　　　　)

問2

リ　ー　ス　資　産

年	月	日	摘　　　　要	借　　方	年	月	日	摘　　　　要	貸　　方
X6	4	1	前 期 繰 越		X6	4	1	諸　　　　口	
						10	1	リース資産減価償却累計額	
					X7	3	31	次 期 繰 越	

リース資産減価償却累計額

年	月	日	摘　　　　要	借　　方	年	月	日	摘　　　　要	貸　　方
X6	4	1	リ ー ス 資 産		X6	4	1	前 期 繰 越	
	10	1	リ ー ス 資 産						
X7	3	31	次 期 繰 越						

リ　ー　ス　債　務

年	月	日	摘　　　　要	借　　方	年	月	日	摘　　　　要	貸　　方
X6	4	1			X6	4	1	前 期 繰 越	
	9	30	当 座 預 金						
X7	3	31							
	〃		次 期 繰 越						

問3

当 期 の 支 払 利 息	¥
当 期 の 支 払 リ ー ス 料	¥
当期のリース資産除却損	¥
当期のリース債務解約損	¥

外貨建取引の問題

次の［資料Ⅰ］から［資料Ⅲ］にもとづいて，下記の各問に答えなさい。なお，当期の会計期間はX4年4月1日からX5年3月31日までの1年間である。また，決算日における為替相場は1ドル￥105である。

[資料Ⅰ] 決算整理前残高試算表（一部）

決算整理前残高試算表　　　　　　（単位：円）

現　　　　金	3,000,000	買　　掛　　金	1,200,000
売　　掛　　金	1,551,000	貸 倒 引 当 金	7,000
前　　払　　金	400,000	為 替 差 損 益	65,000

[資料Ⅱ] 未処理事項

(1) X5年1月1日に，売掛金500ドル（発生時の為替相場は1ドル￥102）について普通預金口座に振り込まれていたが未処理であった。回収時の為替相場は1ドル￥103であった。

(2) X5年2月1日に，備品20,000ドルをX5年4月10日支払いの条件で輸入していたが未処理であった。輸入時の為替相場は1ドル￥102であった。

(3) X5年3月1日に，商品1,000ドルを3か月後に決済の条件で輸入していたが未処理であった。輸入時の為替相場は1ドル￥104であったが，輸入の2週間前に3か月後に400ドルを1ドル￥106で購入する為替予約が結ばれていたため，この為替予約の分については取引高と債務額に振当処理を行う。

[資料Ⅲ] 決算整理事項

(1) 決算整理前残高試算表の金額には外貨建てのものが含まれており，その内訳は次のとおりである。

勘　定　科　目	外　　貨　　額	帳　簿　価　額
現　　　金	20,000ドル	￥2,000,000
売　掛　金	（注1）10,500ドル	￥1,051,000
前　払　金	4,000ドル	￥ 400,000
買　掛　金	（注2） 8,000ドル	￥ 800,000

（注1）［資料Ⅱ］(1)の売掛金が含まれている。

（注2）［資料Ⅱ］(3)の買掛金は含まれていない。

(2) 売掛金期末残高に対して2%の貸倒れを見積もる。貸倒引当金は差額補充法により設定する。

(3) 輸入した備品（上記［資料Ⅱ］(2)）の減価償却を行う。耐用年数5年，残存価額はゼロとして，定額法により月割で計算する。また，記帳方法は間接法による。なお，便宜上この他に備品は所有していないものとする。

問1 ［資料Ⅱ］の未処理事項について，仕訳を示しなさい。
問2 為替差損益勘定を完成しなさい。
問3 当期末における各金額を答えなさい。

Hint!

問1

	借方科目	金　額	貸方科目	金　額
(1)				
(2)				
(3)				

問2

為　替　差　損　益

年	月	日	摘　　　　　要	借　方	年	月	日	摘　　　　　要	貸　方
X4	7	10	普　通　預　金	100,000	X4	10	15	諸　　　　口	165,000
X5	3	31	買　　掛　　金		X5	1	1	普　通　預　金	
	〃		未　　払　　金			3	31	現　　　　金	
	〃		損　　　　益			〃		売　　掛　　金	

問3

現　　　　　　金	¥
売　　掛　　金	¥
前　　払　　金	¥
備　　　　品	¥
買　　掛　　金	¥
未　　払　　金	¥
貸　倒　引　当　金	¥
備品減価償却累計額	¥

次に示した広島商事株式会社の **[資料]** にもとづき，株主資本等変動計算書の（　　　）に適切な金額を記入して完成しなさい。金額が負の値のときは，金額の前に△を付して示すこと。なお，会計期間は X7年 4 月 1 日から X8年 3 月31日までの 1 年間である。

[資料]

(1) 前期末の貸借対照表（一部）

貸 借 対 照 表

X7年 3 月31日現在　（単位：千円）

純 資 産 の 部

Ⅰ 株　主　資　本	
資　　本　　金	40,000
資　本　準　備　金	5,600
そ の 他 資 本 剰 余 金	320
利　益　準　備　金	4,270
別　途　積　立　金	800
繰　越　利　益　剰　余　金	5,920
株　主　資　本　合　計	56,910
Ⅱ 評　価・換　算　差　額　等	
その他有価証券評価差額金	700
評　価・換　算　差　額　等　合　計	700
純　資　産　合　計	57,610
負　債　純　資　産　合　計	×××

(2) X7年 6 月28日，定時株主総会を開催し，剰余金の配当および処分を次のように決定した。なお，この時点における発行済株式総数は30,000株である。

① 株主への配当：その他資本剰余金を財源として 1 株につき¥10，繰越利益剰余金を財源として 1 株につき¥30の配当を行う。

② 株主への配当にともなう準備金の積立て：会社法が定める金額を準備金（資本準備金および利益準備金）として積み立てる。

③ 別途積立金の積立て：繰越利益剰余金を処分し，別途積立金として¥600,000を積み立てる。

(3) X7年 9 月 1 日，新株1,600株を 1 株につき¥1,500で発行して増資を行い，全額の払込みを受け，払込金は当座預金とした。なお，増資にともなう資本金計上額は，払込金の70％の金額とした。

(4) X7年10月 1 日に，愛媛物産株式会社を吸収合併し，合併の対価として株式5,000株（ 1 株あたりの時価¥1,400）を発行し，同社の株主に交付した。なお，新株の発行にともなう純資産（株主資本）の増加額のうち，¥4,000,000は資本金，¥2,000,000は資本準備金とし，残額はその他資本剰余金として計上する。

(5) X8年 3 月31日，決算にあたり，次の処理を行った。

① その他有価証券（前期末の時価は¥2,000,000，当期末の時価は¥2,400,000）について時価評価を行い，評価差額を全部純資産直入法により純資産として計上した。ただし，法定実効税率30％とする税効果会計を適用する。なお，その他有価証券は株式であり，当期にその他有価証券の売買取引は行われていない。

② 当期純利益¥1,930,000を計上した。

株主資本等変動計算書

自 X7年 4 月 1 日　至 X8年 3 月31日　　　　　　　　（単位：千円）

	株　主　資　本			
	資　本　金	資　本　剰　余　金		
		資本準備金	その他資本剰余金	資本剰余金合計
当 期 首 残 高	40,000	（　　　）	（　　　）	（　　　）
当 期 変 動 額				
剰余金の配当		（　　　）	（　　　）	（　　　）
別途積立金の積立て				
新 株 の 発 行	（　　　）	（　　　）		（　　　）
吸 収 合 併	（　　　）	（　　　）	（　　　）	（　　　）
当 期 純 利 益				
株主資本以外の項目の当期変動額（純額）				
当 期 変 動 額 合 計	（　　　）	（　　　）	（　　　）	（　　　）
当 期 末 残 高	（　　　）	（　　　）	（　　　）	（　　　）

（下段へ続く）

（上段から続く）

	株　主　資　本					評価・換算差額等		純資産合計
	利　益　剰　余　金				株主資本合計	その他有価証券評価差額金	評価・換算差額等合計	
	利益準備金	その他利益剰余金		利益剰余金合計				
		別途積立金	繰越利益剰余金					
当 期 首 残 高	4,270	（　　　）	（　　　）	（　　　）	（　　　）	（　　　）	（　　　）	（　　　）
当 期 変 動 額								
剰余金の配当	（　　　）		（　　　）	（　　　）	（　　　）			（　　　）
別途積立金の積立て		（　　　）	（　　　）	—	—			—
新 株 の 発 行					（　　　）			（　　　）
吸 収 合 併					（　　　）			（　　　）
当 期 純 利 益			（　　　）	（　　　）	（　　　）			（　　　）
株主資本以外の項目の当期変動額（純額）						（　　　）	（　　　）	（　　　）
当 期 変 動 額 合 計	（　　　）	（　　　）	（　　　）	（　　　）	（　　　）	（　　　）	（　　　）	（　　　）
当 期 末 残 高	（　　　）	（　　　）	（　　　）	（　　　）	（　　　）	（　　　）	（　　　）	（　　　）

次に示したＣＮ商事株式会社の [資料] にもとづいて，株主資本等変動計算書の（　　　）に適切な金額を記入して完成しなさい。金額が負の値のときは，金額の前に△を付して示すこと。なお，会計期間は X5年 4 月 1 日から X6年 3 月31日までの 1 年間である。

[資料]

(1) 前期末（X5年 3 月31日）の決算にあたって作成した貸借対照表において，純資産の部の各科目残高は次のとおりであった。

資 本 金 ¥17,000,000	資本準備金 ¥1,000,000	その他資本剰余金 ¥1,200,000
利益準備金 ¥ 600,000	別途積立金 ¥ 250,000	繰越利益剰余金 ¥2,600,000

(2) X5年 6 月27日に開催された株主総会において，剰余金の配当等が次のとおり決定した。

① 株主への配当金について，その他資本剰余金を財源として¥400,000，繰越利益剰余金を財源として¥1,600,000，合計¥2,000,000の配当を行う。

② 上記の配当に関連して，会社法が定める金額を資本準備金および利益準備金として積み立てる。

③ 繰越利益剰余金を処分し，別途積立金¥55,000を積み立てる。

(3) X5年 7 月 7 日に，事業規模拡大のため増資を行った。新株2,000株を 1 株につき¥1,000で発行し，払込金は全額当座預金とした。なお，会社法で規定する最低限度額を資本金とした。

(4) X5年12月22日に，ＫＭ物産株式会社を吸収合併した。同社の諸資産（時価総額¥4,000,000）と，諸負債（時価総額¥1,800,000）を引き継ぐとともに，合併の対価として株式2,500株（ 1 株あたりの時価¥1,100）を発行し，同社の株主に交付した。なお，新株発行にともなう純資産の増加額のうち，¥2,000,000は資本金とし，残額はその他資本剰余金として計上した。

(5) X6年 3 月31日に決算を行い，当期純利益¥1,200,000を計上した。

株 主 資 本 等 変 動 計 算 書
自 X5年 4 月 1 日　至 X6年 3 月31日　　　　　　（単位：千円）

	株 主 資 本			
	資 本 金	資 本 剰 余 金		
		資本準備金	その他資本剰余金	資本剰余金合計
当 期 首 残 高	17,000	1,000	1,200	2,200
当 期 変 動 額				
剰余金の配当		(40)	(△440)	(△400)
別途積立金の積立て				
新株の発行	(1,000)	(1,000)		(1,000)
吸収合併	(2,000)		(750)	(750)
当期純利益				
当期変動額合計	(3,000)	(1,040)	(1,310)	(2,350)
当 期 末 残 高	(20,000)	(2,040)	(2,510)	(4,550)

（下段へ続く）

	株 主 資 本				株主資本合計
	利 益 剰 余 金			利益剰余金合計	
	利益準備金	その他利益剰余金			
		別途積立金	繰越利益剰余金		
当 期 首 残 高	600	250	2,600	3,450	22,650
当 期 変 動 額					
剰余金の配当	(160)		(△1,760)	(△1,600)	(△2,000)
別途積立金の積立て		(55)	(△55)	———	———
新株の発行					(2,000)
吸収合併					(2,750)
当期純利益			(1,200)	(1,200)	(1,200)
当期変動額合計	(160)	(55)	(△615)	(△400)	(4,950)
当 期 末 残 高	(760)	(305)	(1,985)	(3,050)	(27,600)

短期集中トレーニング
日商簿記2級　個別取引編

解答編

詳しい解説がこちらに用意してあります。
https://www.jikkyo.co.jp/d1/02/sho/22nb2kia
※Webページの使用に伴う通信料は自己負担となります。

実教出版

	借　方　科　目	金　額	貸　方　科　目	金　額
1	定　期　預　金 仮　払　法　人　税　等	2,016,000 4,000	定　期　預　金 受　取　利　息	2,000,000 20,000
2	不　渡　手　形	720,000	受　取　手　形 現　　　　　金	700,000 20,000
3	不　渡　手　形	401,000	当　座　預　金	401,000
4	現　　　　　金 貸　倒　引　当　金	100,000 106,000	不　渡　手　形	206,000
5	買　　掛　　金	150,000	受　取　手　形	150,000
6	当　座　預　金 手　形　売　却　損	295,200 4,800	受　取　手　形	300,000
7	受　取　手　形	205,000	受　取　手　形 受　取　利　息	200,000 5,000

	借　方　科　目	金　額	貸　方　科　目	金　額
8	受　取　手　形 受　取　利　息	832,000 24,000	受　取　手　形 受　取　利　息 前　受　利　息	800,000 32,000 24,000
9	電　子　記　録　債　権	250,000	売　　掛　　金	250,000
10	買　　掛　　金	500,000	電　子　記　録　債　権	500,000
11	当　座　預　金 電　子　記　録　債　権　売　却　損	445,800 4,200	電　子　記　録　債　権	450,000
12	当　座　預　金 債　権　売　却　損	595,000 5,000	売　　掛　　金	600,000
13	クレジット売掛金 支　払　手　数　料	294,000 6,000	売　　　　　　上	300,000
14	当　座　預　金	294,000	クレジット売掛金	294,000
15	貸　倒　引　当　金　繰　入	80,000	貸　倒　引　当　金	80,000
16	貸　倒　引　当　金　繰　入	410,000	貸　倒　引　当　金	410,000
17	売　買　目　的　有　価　証　券 有　価　証　券　利　息	1,592,000 3,200	当　座　預　金	1,595,200
18	現　　　　　金	1,982,640	売　買　目　的　有　価　証　券 有　価　証　券　売　却　益 有　価　証　券　利　息	1,978,000 4,000 640
19	未　収　入　金	4,200,000	売　買　目　的　有　価　証　券 有　価　証　券　売　却　益	3,934,000 266,000
20	現　　　　　金	685,000	売　買　目　的　有　価　証　券 有　価　証　券　売　却　益	600,000 85,000
21	営　業　外　受　取　手　形	4,800,000	土　　　　　地 固　定　資　産　売　却　益	3,000,000 1,800,000
22	営　業　外　電　子　記　録　債　権	300,000	未　収　入　金	300,000

	借 方 科 目	金 額	貸 方 科 目	金 額
1	機 械 装 置 前 払 利 息	1,150,000 100,000	営 業 外 支 払 手 形 現 金	1,100,000 150,000
2	建 設 仮 勘 定 構 築 物	10,000,000 30,000,000	当 座 預 金 建 設 仮 勘 定	10,000,000 30,000,000
3	現 金 備 品 固 定 資 産 圧 縮 損	400,000 1,000,000 400,000	国 庫 補 助 金 受 贈 益 未 払 金 備 品	400,000 1,000,000 400,000
4	減 価 償 却 費	120,000	備 品 減 価 償 却 累 計 額	120,000
5	備 品 減 価 償 却 累 計 額 減 価 償 却 費 営 業 外 受 取 手 形	244,000 38,400 300,000	備 品 固 定 資 産 売 却 益	500,000 82,400
6	車 両 運 搬 具 車両運搬具減価償却累計額 固 定 資 産 売 却 損	600,000 180,000 120,000	車 両 運 搬 具 未 払 金	500,000 400,000
7	車両運搬具減価償却累計額 固 定 資 産 除 却 損	600,000 200,000	車 両 運 搬 具	800,000
8	貯 蔵 品 固 定 資 産 除 却 損	90,000 162,000	車 両 運 搬 具	252,000
9	建 物 修 繕 費	5,000,000 1,000,000	建 設 仮 勘 定	6,000,000
10	建 物 減 価 償 却 累 計 額 減 価 償 却 費 未 決 算	12,000,000 1,500,000 6,500,000	建 物	20,000,000
11	未 収 入 金 火 災 損 失※	2,000,000 1,000,000	未 決 算	3,000,000
12	未 収 入 金	2,500,000	未 決 算 保 険 差 益	2,000,000 500,000
13	リ ー ス 資 産	4,800,000	リ ー ス 債 務	4,800,000
14	リ ー ス 債 務	80,000	普 通 預 金	80,000
15	リ ー ス 資 産	1,300,000	リ ー ス 債 務	1,300,000

※災害損失でも可

	借 方 科 目	金 額	貸 方 科 目	金 額
16	リ ー ス 債 務 支 払 利 息 減 価 償 却 費	260,000 40,000 260,000	現　　　　　金 リース資産減価償却累計額	300,000 260,000
17	仕 訳 不 要			
18	支 払 リ ー ス 料	3,600,000	当 座 預 金	3,600,000
19	リ ー ス 債 務 リース資産減価償却累計額 固 定 資 産 除 却 損※	600,000 2,400,000 600,000	普 通 預 金 リ ー ス 資 産	600,000 3,000,000
20	リ ー ス 債 務 リース債務解約損 リース資産減価償却累計額 固 定 資 産 除 却 損※	2,520,000 360,000 840,000 2,520,000	普 通 預 金 リ ー ス 資 産	2,880,000 3,360,000
21	建　　　　　物 備　　　　　品 の　　れ　　ん	3,000,000 1,800,000 200,000	長 期 借 入 金 普 通 預 金	1,500,000 3,500,000
22	の れ ん 償 却	40,000	の　　れ　　ん	40,000
23	ソ フ ト ウ ェ ア 未　　払　　金	20,000,000 5,000,000	ソフトウェア仮勘定 普 通 預 金	20,000,000 5,000,000
24	ソ フ ト ウ ェ ア 償 却	100,000	ソ フ ト ウ ェ ア	100,000
25	現　　　　　金 満 期 保 有 目 的 債 券	60,000 20,000	有 価 証 券 利 息	80,000
26	子 会 社 株 式 関 連 会 社 株 式	3,000,000 1,600,000	当 座 預 金	4,600,000
27	そ の 他 有 価 証 券	3,000,000	当 座 預 金	3,000,000
28	そ の 他 有 価 証 券	200,000	その他有価証券評価差額金	200,000
29	長 期 前 払 費 用 広 告 宣 伝 費	1,800,000 75,000	普 通 預 金 長 期 前 払 費 用	1,800,000 75,000
30	ソ フ ト ウ ェ ア 長 期 前 払 費 用	10,000,000 2,500,000	ソフトウェア仮勘定	12,500,000

※リース資産除却損でも可

4

	借　方　科　目	金　額	貸　方　科　目	金　額
1	支　払　手　形 支　払　利　息	200,000 5,000	支　払　手　形	205,000
2	当　座　預　金	150,000	買　掛　金	150,000
3	当　座　預　金	50,000	未　払　金	50,000
4	備　品	1,000,000	営　業　外　支　払　手　形	1,000,000
5	機　械　装　置 構　築　物 前　払　費　用※	1,000,000 200,000 240,000	営　業　外　支　払　手　形	1,440,000
6	営　業　外　支　払　手　形 支　払　利　息	120,000 20,000	当　座　預　金 前　払　費　用※	120,000 20,000
7	未　払　金	400,000	営　業　外　電　子　記　録　債　務	400,000
8	現　金	500,000	預　り　保　証　金	500,000
9	商　品　保　証　引　当　金 商　品　保　証　引　当　金　繰　入	48,000 150,000	商　品　保　証　引　当　金　戻　入 商　品　保　証　引　当　金	48,000 150,000
10	賞　与　引　当　金 賞　与	3,000,000 1,000,000	所　得　税　預　り　金 当　座　預　金	600,000 3,400,000
11	役　員　賞　与　引　当　金　繰　入	500,000	役　員　賞　与　引　当　金	500,000
12	建　物 修　繕　引　当　金 修　繕　費	1,200,000 1,800,000 1,000,000	当　座　預　金	4,000,000
13	退　職　給　付　引　当　金	20,000,000	所　得　税　預　り　金 当　座　預　金	3,000,000 17,000,000
14	保　証　債　務　見　返	3,000,000	保　証　債　務	3,000,000
15	保　証　債　務	3,000,000	保　証　債　務　見　返	3,000,000

※前払利息でも可

	借　方　科　目	金　額	貸　方　科　目	金　額
1	当　座　預　金	20,000,000	資　　本　　金	10,000,000
			資　本　準　備　金	10,000,000
	創　　立　　費	150,000	現　　　　　金	150,000
2	当　座　預　金	7,500,000	資　　本　　金	6,000,000
			資　本　準　備　金	1,500,000
	株　式　交　付　費	180,000	現　　　　　金	180,000
3	別　段　預　金	20,000,000	株　式　申　込　証　拠　金	20,000,000
4	株　式　申　込　証　拠　金	20,000,000	資　　本　　金	10,000,000
			資　本　準　備　金	10,000,000
	当　座　預　金	20,000,000	別　段　預　金	20,000,000
5	諸　　資　　産	8,000,000	諸　　負　　債	5,000,000
	の　　れ　　ん	1,200,000	資　　本　　金	3,000,000
			その他資本剰余金	1,200,000
6	諸　　資　　産	85,000,000	諸　　負　　債	23,000,000
			資　　本　　金	36,000,000
			その他資本剰余金	24,000,000
			負ののれん発生益	2,000,000
7	資　　本　　金	2,000,000	その他資本剰余金	2,000,000
8	繰　越　利　益　剰　余　金	6,600,000	未　払　配　当　金	6,000,000
			利　益　準　備　金	500,000
			別　途　積　立　金	100,000
9	その他資本剰余金	440,000	未　払　配　当　金	400,000
			資　本　準　備　金	40,000
10	その他資本剰余金	1,100,000	未　払　配　当　金	3,000,000
	繰　越　利　益　剰　余　金	2,200,000	資　本　準　備　金	100,000
			利　益　準　備　金	200,000
11	資　本　準　備　金	4,500,000	その他資本剰余金	4,500,000
	利　益　準　備　金	3,500,000	繰　越　利　益　剰　余　金	3,500,000
12	別　途　積　立　金	1,800,000	繰　越　利　益　剰　余　金	1,800,000
13	その他資本剰余金	700,000	資　本　準　備　金	700,000
	繰　越　利　益　剰　余　金	400,000	利　益　準　備　金	400,000
14	その他有価証券評価差額金	1,000,000	そ　の　他　有　価　証　券	1,000,000
15	そ　の　他　有　価　証　券	1,000,000	その他有価証券評価差額金	1,000,000

	借　方　科　目	金　額	貸　方　科　目	金　額
1	売　　　　　　　　上	200,000	売　　掛　　金	200,000
2	商　　　　　　　　品	200,000	前　　払　　金 買　　掛　　金	50,000 150,000
3	売　　掛　　金 売　上　原　価	250,000 200,000	売　　　　　　上 商　　　　　　品	250,000 200,000
4	ク レ ジ ッ ト 売 掛 金 支　払　手　数　料 売　上　原　価	360,000 40,000 300,000	売　　　　　　上 商　　　　　　品	400,000 300,000
5	買　　掛　　金	1,200,000	当　座　預　金 仕　　　　　　入※	1,188,000 12,000
6	売　　掛　　金 役　務　原　価	500,000 270,000	役　務　収　益 仕　　掛　　品 買　　掛　　金	500,000 200,000 70,000
7	棚　卸　減　耗　損 商　品　評　価　損	3,000 3,950	繰　越　商　品	6,950
8	棚　卸　減　耗　損	12,000	商　　　　　　品	12,000
9	研　究　開　発　費	980,000	当　座　預　金 普　通　預　金	650,000 330,000
10	支　払　リ　ー　ス　料	480,000	当　座　預　金	480,000
11	開　　業　　費	700,000	当　座　預　金	700,000
12	売　　掛　　金	345,000	売　　　　　　上	345,000
13	売　　掛　　金	6,000	為　替　差　損　益	6,000
14	為　替　差　損　益	8,000	買　　掛　　金	8,000
15	売　　掛　　金	660,000	売　　　　　　上	660,000

※仕入割戻でも可

	借 方 科 目	金 額	貸 方 科 目	金 額
1	クレジット売掛金 支 払 手 数 料	420,000 20,000	売　　　　　　上 仮 受 消 費 税	400,000 40,000
2	売　　　　　　上 仮 受 消 費 税 商　　　　　　品	200,000 20,000 140,000	クレジット売掛金 支 払 手 数 料 売 上 原 価	210,000 10,000 140,000
3	仕　　　　　　入 研 究 開 発 費 仮 払 消 費 税	1,500,000 400,000 190,000	買　　　掛　　　金 未　　　払　　　金	1,650,000 440,000
4	法人税, 住民税及び事業税※	720,000	未 払 法 人 税 等	720,000
5	追 徴 法 人 税 等	400,000	未 払 法 人 税 等	400,000
6	繰 延 税 金 資 産	6,000	法 人 税 等 調 整 額	6,000
7	法 人 税 等 調 整 額	6,000	繰 延 税 金 資 産	6,000
8	繰 延 税 金 資 産	37,500	法 人 税 等 調 整 額	37,500
9	繰 延 税 金 資 産 その他有価証券評価差額金	300,000 700,000	その他有価証券	1,000,000
10	その他有価証券	800,000	繰 延 税 金 負 債 その他有価証券評価差額金	240,000 560,000
11	繰 延 税 金 負 債 その他有価証券評価差額金	240,000 560,000	その他有価証券	800,000
12	本　　　　　店	800,000	当 座 預 金	800,000
13	広 告 宣 伝 費	300,000	本　　　　　店	300,000
14	支　　　　　店	500,000	総 合 損 益	500,000
15	現　　　　　金 商　　　　　品 車 両 運 搬 具	3,000,000 1,200,000 2,000,000	車両運搬具減価償却累計額 本　　　　　店	800,000 5,400,000

※法人税等でも可

	借　方　科　目	金　額	貸　方　科　目	金　額
1	契　約　資　産	200,000	売　　　　　　　上	200,000
2	売　　掛　　金	500,000	売　　　　　　　上 契　約　資　産	300,000 200,000
3	現　　　　　　金	80,000	契　約　負　債※	80,000
4	当　座　預　金	700,000	売　　　　　　　上 契　約　負　債	580,000 120,000
5	契　約　負　債	10,000	役　務　収　益	10,000
6	売　　掛　　金	40,000	売　　　　　　　上 返　金　負　債	36,000 4,000
7	売　　掛　　金 返　金　負　債	80,000 12,000	売　　　　　　　上 返　金　負　債 未　　払　　金	72,000 8,000 12,000
8	契　約　資　産 役　務　原　価	250,000 150,000	役　務　収　益 買　　掛　　金	250,000 150,000

※前受金でも可

理論問題 (p.17)

問1

①	②	③	④	⑤	⑥	⑦	⑧	⑨	⑩
イ	オ	ク	ウ	コ	ケ	キ	エ	ア	カ

問2

①	②	③	④	⑤	⑥	⑦	⑧
×	○	○	×	×	×	×	○

⑨	⑩	⑪	⑫	⑬	⑭	⑮	⑯
○	○	×	○	×	×	×	○

問1

当座預金勘定調整表

（3月31日現在）　　　　　　　　（単位：円）

当座預金帳簿残高　　　　　　　　　　　　　　　　　　　　　（　1,850,000　）

（加算）　　　　　［　(2)　］　（　800,000　）

　　　　　　　　　［　(3)　］　（　350,000　）　　（　1,150,000　）

（減算）　　　　　［　(1)　］　（　200,000　）

　　　　　　　　　［　(4)　］　（　500,000　）

　　　　　　　　　［　(5)　］　（　120,000　）

　　　　　　　　　［　(6)　］　（　300,000　）　　（　1,120,000　）

当座預金銀行残高　　　　　　　　　　　　　　　　　　　　　（　1,880,000　）

□1つにつき2点。

問2

[資料Ⅰ] に関する仕訳

	借方科目	金額	貸方科目	金額
(1)	現　金	200,000	当座預金	200,000
(2)	当座預金	800,000	買掛金	800,000
(3)	仕訳なし			
(4)	不渡手形	500,000	当座預金	500,000
(5)	通信費	120,000	当座預金	120,000
(6)	仕訳なし			

(1)〜(5)の仕訳1組につき1点。(6)は採点対象外

[資料Ⅱ] に関する仕訳

	借方科目	金額	貸方科目	金額
(1)	現金	4,000	為替差損益	4,000
(2)	仮払金	100,000	現金	100,000
(3)	現金 仮払法人税等	16,000 4,000	受取配当金	20,000

仕訳1組につき1点。

問3

貸借対照表に計上される現金の金額	¥	673,500
貸借対照表に計上される当座預金の金額	¥	1,830,000

正解1つにつき1点。

問1

売 掛 金

月	日	摘 要	借 方	月	日	摘 要	貸 方
4	1	前 期 繰 越	800,000	4	10	当 座 預 金	600,000
	11	売　　　上	300,000		15	当 座 預 金	300,000
	19	売　　　上	247,000		21	売　　　上	10,800
					24	電 子 記 録 債 権	100,000
					30	次 月 繰 越	336,200
			1,347,000				1,347,000

商 品

月	日	摘 要	借 方	月	日	摘 要	貸 方
4	1	前 期 繰 越	140,000	4	7	買 掛 金	10,500
	4	諸　　　口	154,000		11	売 上 原 価	187,500
	7	買 掛 金	16,000		19	売 上 原 価	154,000
	13	受 取 手 形	200,000		30	棚 卸 減 耗 損	2,500
	21	売 上 原 価	10,000		〃	商 品 評 価 損	1,000
	22	買 掛 金	62,000		〃	次 月 繰 越	226,500
			582,000				582,000

買 掛 金

月	日	摘 要	借 方	月	日	摘 要	貸 方
4	7	商　　　品	10,500	4	1	前 期 繰 越	500,000
	12	当 座 預 金	500,000		4	商　　　品	84,000
	20	当 座 預 金	89,500		7	商　　　品	16,000
	30	次 月 繰 越	62,000		22	商　　　品	62,000
			662,000				662,000

□ 1つにつき2点。

問2

4 月 の 純 売 上 高	¥	536,200
4 月 の 売 上 原 価	¥	335,000

正解1つにつき2点。

問3

商 品 有 高 帳

(総平均法)　　　　　　　　　　A 商 品　　　　　　　　　　(単位：個)

日 付		摘 要	受 入			払 出			残 高		
			数量	単価	金額	数量	単価	金額	数量	単価	金額
4	1	前月繰越	400	300	120,000				400	300	120,000
	4	仕 入	350	320	112,000				750		
	7	仕 入	50	320	16,000				800		
	11	売 上				450	320	144,000	350		
	13	仕 入	500	340	170,000				850		
	19	売 上				400	320	128,000	450		
	22	仕 入	200	310	62,000				650	320	208,000
	30	次月繰越				650	320	208,000			
			1,500		480,000	1,500		480,000			

□ 1つにつき2点。

4 月 の 売 上 原 価	¥	272,000
4 月 の 売 上 総 利 益	¥	173,000

正解1つにつき1点。

11

問1

売買目的有価証券

年	月	日	摘　要	借　方	年	月	日	摘　要	貸　方
X1	4	1	前　期　繰　越	1,000,000	X1	8	27	諸　　　　　口	880,000
	6	13	普　通　預　金	1,200,000	X2	3	31	有価証券評価損	120,000
							〃	次　期　繰　越	1,200,000
				2,200,000					2,200,000

満期保有目的債券

年	月	日	摘　要	借　方	年	月	日	摘　要	貸　方
X1	4	1	前　期　繰　越	2,850,000	X2	3	31	有価証券利息	5,000
	10	1	当　座　預　金	2,070,000			〃	次　期　繰　越	4,945,000
X2	3	31	有価証券利息	30,000					
				4,950,000					4,950,000

その他有価証券

年	月	日	摘　要	借　方	年	月	日	摘　要	貸　方
X1	4	1	前　期　繰　越	9,620,000	X1	11	10	当　座　預　金	2,200,000
	〃		諸　　　　　口	380,000		12	31	当　座　預　金	2,000,000
	7	24	当　座　預　金	5,000,000	X2	3	31	次　期　繰　越	12,100,000
X2	3	31	諸　　　　　口	1,300,000					
				16,300,000					16,300,000

□ 1つにつき2点。

問2

有　価　証　券　利　息	¥	49,500
有　価　証　券　売　却（損）	¥	40,000
投　資　有　価　証　券　売　却（益）	¥	500,000

正解1つにつき2点。

問3

関　係　会　社　株　式	¥	17,100,000	
その他有価証券評価差額金	¥	910,000	（借方残高・⦅貸方残高⦆）

正解1つにつき2点。

問1

建　　　物

年	月	日	摘　　　　　要	借　　方	年	月	日	摘　　　　　要	貸　　方
X7	4	1	前　期　繰　越	8,000,000	X8	3	31	次　期　繰　越	9,400,000
	10	1	当　座　預　金	1,400,000					
				9,400,000					9,400,000

建物減価償却累計額

年	月	日	摘　　　　　要	借　　方	年	月	日	摘　　　　　要	貸　　方
X8	3	31	次　期　繰　越	2,270,000	X7	4	1	前　期　繰　越	1,800,000
					X8	3	31	減　価　償　却　費	470,000
				2,270,000					2,270,000

ソ フ ト ウ ェ ア

年	月	日	摘　　　　　要	借　　方	年	月	日	摘　　　　　要	貸　　方
X7	4	1	前　期　繰　越	1,000,000	X8	3	31	ソフトウェア償却	1,062,500
X8	1	1	未　　払　　金	5,000,000		〃		固 定 資 産 除 却 損	250,000
						〃		次　期　繰　越	4,687,500
				6,000,000					6,000,000

□ 1つにつき2点。

問2

固定資産管理台帳　　　　　　　　　　　　　　　　　　　X8年3月31日現在

取 得 年 月 日	用 途	期末数量	耐用年数	期　　首(期中取得)取 得 原 価	期　　首減価償却累計額	差 引 期 首(期中取得)帳 簿 価 額	当　　期減 価 償 却 費
備品							
X5年4月1日	備品A	5	8年	1,500,000	(656,250)	(843,750)	(210,937)
X6年4月1日	備品B	4	6年	(1,600,000)	(532,800)	(1,067,200)	(355,377)
X7年4月1日	備品C	5	5年	(300,000)	0	(300,000)	(120,000)
小　計				(3,400,000)	(1,189,050)	(2,210,950)	(686,314)

┊┈┈┊ 1つにつき1点。

問3

減 価 償 却 費	¥	1,756,314
固 定 資 産 除 却 損	¥	756,250

正解1つにつき1点。

問4

借　方　科　目	金　額	貸　方　科　目	金　額
繰 延 税 金 資 産	13,500	法 人 税 等 調 整 額	13,500

仕訳1組につき1点。

問1

固 定 資 産 台 帳

X7年3月31日現在

取 得 年 月 日	種 類	耐用年数	期首(期中取得)取得原価	期首減価償却累計額	差引期首(期中取得)帳簿価額	当期減価償却費
リース資産						
備品						
X2. 4. 1	備品B	6年	5,400,000	3,600,000	(1,800,000)	(900,000)
(X6.10. 1)	(備品D)	(8年)	(4,000,000)	(0)	(4,000,000)	(250,000)
機械						
X3. 4. 1	機械C	6年	(4,500,000)	(2,250,000)	(2,250,000)	(750,000)

☐ 1つにつき2点。

問2

リ ー ス 資 産

年	月	日	摘 要	借 方	年	月	日	摘 要	貸 方
X6	4	1	前 期 繰 越	14,400,000	X6	4	1	諸 口	1,500,000
	10	1	リ ー ス 債 務	4,000,000		10	1	リース資産減価償却累計額	3,000,000
					X7	3	31	次 期 繰 越	13,900,000
				18,400,000					18,400,000

リース資産減価償却累計額

年	月	日	摘 要	借 方	年	月	日	摘 要	貸 方
X6	4	1	リ ー ス 資 産	750,000	X6	4	1	前 期 繰 越	9,300,000
	10	1	リ ー ス 資 産	3,000,000		9	30	減 価 償 却 費	1,125,000
X7	3	31	次 期 繰 越	7,750,000	X7	3	31	減 価 償 却 費	1,075,000
				11,500,000					11,500,000

リ ー ス 債 務

年	月	日	摘 要	借 方	年	月	日	摘 要	貸 方
X6	4	1	当 座 預 金	750,000	X6	4	1	前 期 繰 越	5,100,000
	9	30	当 座 預 金	1,125,000		10	1	リ ー ス 資 産	4,000,000
X7	3	31	当 座 預 金	1,075,000					
	〃		次 期 繰 越	6,150,000					
				9,100,000					9,100,000

☐ 1つにつき2点。

問3

当 期 の 支 払 利 息	¥	320,000
当 期 の 支 払 リ ー ス 料	¥	3,625,000
当 期 の リ ー ス 資 産 除 却 損	¥	750,000
当 期 の リ ー ス 債 務 解 約 損	¥	150,000

正解1つにつき1点。

問1

	借 方 科 目	金 額	貸 方 科 目	金 額
(1)	普 通 預 金	51,500	売 掛 金 為 替 差 損 益	51,000 500
(2)	備 品	2,040,000	未 払 金	2,040,000
(3)	仕 入	104,800	買 掛 金	104,800

仕訳1組につき2点。

問2

為 替 差 損 益

年	月	日	摘 要	借 方	年	月	日	摘 要	貸 方
X4	7	10	普 通 預 金	100,000	X4	10	15	諸 口	165,000
X5	3	31	買 掛 金	40,600	X5	1	1	普 通 預 金	500
		〃	未 払 金	60,000		3	31	現 金	100,000
		〃	損 益	114,900			〃	売 掛 金	50,000
				315,500					315,500

1つにつき2点。

問3

現 金	¥	3,100,000
売 掛 金	¥	1,550,000
前 払 金	¥	400,000
備 品	¥	2,040,000
買 掛 金	¥	1,345,400
未 払 金	¥	2,100,000
貸 倒 引 当 金	¥	31,000
備品減価償却累計額	¥	68,000

正解1つにつき1点。

15

株主資本等変動計算書の問題 ❷ (p.32)

株主資本等変動計算書
自X5年4月1日 至X6年3月31日
(単位：千円)

		株主資本		
	資本金	資本剰余金		
		資本準備金	その他資本剰余金	資本剰余金合計
当期首残高	17,000	1,000	1,200	2,200
当期変動額				
剰余金の配当		(40)	(△440)	(△400)
別途積立金の積立て				
新株の発行	1,000	(1,000)		(1,000)
吸収合併	2,000	( )	( )	750
当期純利益				
当期変動額合計	3,000	1,040	(310)	1,350
当期末残高	20,000	2,040	(1,510)	3,550

(下段へ続く)

	株主資本				株主資本合計
	利益剰余金				
	利益準備金	その他利益剰余金		利益剰余金合計	
		別途積立金	繰越利益剰余金		
当期首残高	600	250	2,600	3,450	22,650
当期変動額					
剰余金の配当	(160)		(△1,760)	(△1,600)	(△2,000)
別途積立金の積立て		(55)	(△55)	(—)	(—)
新株の発行					(2,000)
吸収合併					(2,750)
当期純利益			(1,200)	1,200	(1,200)
当期変動額合計	160	55	(△615)	(△400)	(3,950)
当期末残高	760	305	(1,985)	3,050	26,600

□1つにつき2点。

株主資本等変動計算書の問題 ❶ (p.30)

株主資本等変動計算書
自X7年4月1日 至X8年3月31日
(単位：千円)

	資本金	資本剰余金		
		資本準備金	その他資本剰余金	資本剰余金合計
当期首残高	40,000	5,600	320	5,920
当期変動額				
剰余金の配当		(30)	(△330)	(△300)
別途積立金の積立て				
新株の発行	(1,680)	(720)		720
吸収合併	(4,000)	(2,000)	(1,000)	3,000
当期純利益				
株主資本以外の項目の当期変動額（純額）				
当期変動額合計	(5,680)	(2,750)	(670)	(3,420)
当期末残高	45,680	8,350	(990)	(9,340)

(下段へ続く)

	株主資本					評価・換算差額等		純資産合計
	利益剰余金				株主資本合計	その他有価証券評価差額金	評価・換算差額等合計	
	利益準備金	その他利益剰余金		利益剰余金合計				
		別途積立金	繰越利益剰余金					
当期首残高	4,270	(800)	(5,920)	(10,990)	(56,910)	(700)	(700)	(57,610)
当期変動額								
剰余金の配当	90		(△990)	(△900)	(△1,200)			(△1,200)
別途積立金の積立て		(600)	(△600)	(—)	(—)			(—)
新株の発行					(2,400)			(2,400)
吸収合併					7,000			7,000
当期純利益			(1,930)	(1,930)	1,930			1,930
株主資本以外の項目の当期変動額（純額）						(280)	(280)	(280)
当期変動額合計	(90)	(600)	(340)	(1,030)	(10,130)	(280)	(280)	(10,410)
当期末残高	(4,360)	(1,400)	(6,260)	(12,020)	(67,040)	(980)	(980)	(68,020)

□1つにつき2点。